SAS 数据分析

[印] 哈里斯·格拉蒂 著

马琳琳 译

清华大学出版社
北　京

内 容 简 介

本书详细阐述了与 SAS 数据分析相关的基本解决方案，主要包括 SAS 编程入门，数据操控和转换，合并、索引、加密和压缩技术，统计、报表、转换过程和函数，高级编程技术：SAS 宏、函数、选项和自动变量，Proc SQL 高级编程技术，深入理解 Proc SQL，数据可视化，报表机制和数据传输系统等内容。此外，本书还提供了相应的示例、代码，以帮助读者进一步理解相关方案的实现过程。

本书适合作为高等院校计算机及相关专业的教材和教学参考书，也可作为相关开发人员的自学用书和参考手册。

北京市版权局著作权合同登记号 图字：01-2019-7508

Copyright © Packt Publishing 2019. First published in the English language under the title *Hands-On SAS for Data Analysis*.
Simplified Chinese-language edition © 2023 by Tsinghua University Press. All rights reserved.

本书中文简体字版由 Packt Publishing 授权清华大学出版社独家出版。未经出版者书面许可，不得以任何方式复制或抄袭本书内容。

本书封面贴有清华大学出版社防伪标签，无标签者不得销售。
版权所有，侵权必究。举报：010-62782989，beiqinquan@tup.tsinghua.edu.cn。

图书在版编目（CIP）数据

SAS 数据分析 /（印）哈里斯·格拉蒂著；马琳琳译. —北京：清华大学出版社，2023.3
书名原文：Hands-On SAS for Data Analysis
ISBN 978-7-302-63210-8

Ⅰ. ①S… Ⅱ. ①哈… ②马… Ⅲ. ①统计分析—应用软件 Ⅳ. ①C819

中国国家版本馆 CIP 数据核字（2023）第 052465 号

责任编辑：贾小红
封面设计：刘　超
版式设计：文森时代
责任校对：马军令
责任印制：沈　露

出版发行：清华大学出版社
网　　址：http://www.tup.com.cn，http://www.wqbook.com
地　　址：北京清华大学学研大厦 A 座　　邮　编：100084
社 总 机：010-83470000　　邮　购：010-62786544
投稿与读者服务：010-62776969，c-service@tup.tsinghua.edu.cn
质量反馈：010-62772015，zhiliang@tup.tsinghua.edu.cn

印 装 者：北京同文印刷有限责任公司
经　　销：全国新华书店
开　　本：185mm×230mm　　印　张：18　　字　数：357 千字
版　　次：2023 年 4 月第 1 版　　印　次：2023 年 4 月第 1 次印刷
定　　价：99.00 元

产品编号：086611-01

译 者 序

在冷兵器时代，当发生战争时，智谋或用计非常重要，拥有一位足智多谋的统帅或军师，在很大程度上可以决定战争的胜负。最著名的例子莫过于诸葛亮的《隆中对》中这一谋略对天下大势的准确分析，指引穷途末路的刘备走出困境，一举奠定了日后"三分天下"的局面。

在过去 10 年中，分析和数据科学因支持商业决策功能已经进入了前沿。10 年前，商业分析是一个鲜为人知的职业。随着数据存储成本的急剧下降和数据量的巨大增长，现在，首席体验官（CXO）和现代经理人需要通过数据科学在各个方面做出明智的决策。而在现代企业经营的语境中，出谋划策被称为出点子或搞创意，或者按更新颖的说法，叫"开脑洞"。当然，脑洞并不是那么容易开的，多数创意只是脑子一热的产物，往往容易因思虑不周或不合时宜而草草收场。在这方面，数据分析师们具有独特的优势，因为他们可以借助计算机的超强算力，通过大数据分析而得出结论，这个结论有一个专有名词，叫见解（insight，也称为洞见）。见解是由分析师通过计算机开出来的真正的脑洞（因为它是单纯靠人类的"头脑风暴"无法想到的，也不太会受到人类思维偏见和局限的影响），它的背后则是 AI 算法的强力支撑，因此，见解往往能够为企业经营决策提供科学、新颖和实用的指导，这也是数据分析师越来越受到重视的原因。

数据分析师需要定义问题、收集和整理数据、进行算法建模、数据挖掘和提出见解，但是这一切的基础仍然是描述性统计、单变量统计、多变量统计和假设检验等底层技术。本书首先让读者快速浏览 SAS 的架构和组件，随后引领读者导入和读取数据。读者将了解 4GL 编程语言、SAS Base 和 SQL 过程，其中涵盖了与数据管理和数据分析相关的诸多知识。随后，读者还将学习微程序设计方面的高级内容。

在本书的翻译过程中，除马琳琳外，刘璋、张博、刘晓雪、张华臻、刘祎等人也参与了部分翻译工作，在此一并表示感谢。

由于译者水平有限，难免有疏漏和不妥之处，在此诚挚欢迎读者提出意见和建议。

译　者

前　　言

　　SAS 是当今数据管理和分析领域中的领先工具，支持快速、简单的数据处理，且有助于用户在制定决策时获取有价值的业务见解。

　　本书是一本综合性质的参考指南。在快速浏览了 SAS 的架构和组件后，本书引领读者通过不同的方式，从不同的数据源中导入和读取数据。其间，读者将了解 SAS Base、4GL 编程语言和 SQL 过程，其中涵盖了与数据管理和数据分析相关的诸多知识。随后还将学习微程序设计方面的高级内容。

　　在阅读完本书后，相信读者将能够成为一名 SAS 编程方面的专家，进而方便地使用 SAS 处理和管理数据问题。

适用读者

　　如果读者是一名数据专业人士且刚接触到 SAS 编程，同时希望成为这一领域的专家，那么本书十分适合您。对基础数据管理概念的理解将有助于读者获得最大的收益。

本书内容

　　第 1 章介绍编程的基本概念，并帮助读者编写较为基础的 SAS 程序。其间将探索 SAS 的幕后知识，帮助读者掌握基础知识，以供后续高级概念的学习。

　　第 2 章整体介绍数据操控和转换方面的知识，包括数字-字符转换、处理缺失值和空格，以及逻辑和控制功能。

　　第 3 章将通过示例重点讨论各种数据表组合技术的优缺点，并深入介绍 SAS 如何处理代码。

　　第 4 章介绍内建 SAS 过程，以帮助我们减少代码量，同时能够转换数据、生成统计数据、运行统计测试并生成报表。

　　第 5 章主要讨论循环和 SAS 宏等概念，从而帮助我们理解 SAS 中的高级编程。

第 6 章将介绍基于系统选项和功能的 SAS 宏，进而实现代码的调试和优化。

第 7 章主要讨论 Proc SQL，其中涉及笛卡儿连接等基础概念，随后探讨在 Proc SQL 中使用 DATA 步骤的优缺点。通过多个示例，我们将通过 Proc SQL 执行多项数据任务。

第 8 章将讨论如何整合 Proc SQL 和宏。

第 9 章介绍数据可视化问题，该问题在大数据领域中十分重要。可视化分析可帮助我们进一步理解数据报表和数据挖掘中获取的洞察结果。

第 10 章重点介绍多种格式和平台的数据报表，以及洞察结果的打包和生产过程。

在阅读完本书后，读者将了解 SAS 编程所需的基础知识。

下载示例代码文件

读者可访问 www.packt.com 并通过个人账户下载本书的示例代码文件。无论读者在何处购买了本书，均可访问 www.packt.com/support，经注册后我们会直接将相关文件通过电子邮件的方式发送给您。

下载代码文件的具体操作步骤如下。

（1）访问 www.packt.com 并注册。

（2）选择 Support 选项卡。

（3）单击 Code Downloads 按钮。

（4）在 Search 搜索框中输入书名并按照屏幕上的说明进行操作。

当文件下载完毕后，可利用下列软件的最新版本解压或析取文件夹中的内容。

- WinRAR/7-Zip（Windows 环境）。
- Zipeg/iZip/UnRarX（Mac 环境）。
- 7-Zip/PeaZip（Linux 环境）。

另外，本书的代码包也托管于 GitHub 上，对应网址为 https://github.com/PacktPublishing/Hands-On-SAS-For-Data-Analysis。若代码被更新，现有的 GitHub 库也会保持同步更新。

读者还可访问 https://github.com/PacktPublishing/ 并从对应分类中查看其他代码包和视频内容。

下载彩色图像

我们还进一步提供了本书使用的截图/图表的彩色图像，读者可访问 http://www.

packtpub.com/sites/default/files/downloads/9781788839822_ColorImages.pdf 进行查看。

> 图标表示警告或重要的注意事项。

> 图标表示提示信息和操作技巧。

读者反馈和客户支持

欢迎读者对本书提出建议或意见并予以反馈。

对此，读者可向 customercare@packtpub.com 发送邮件，并以书名作为邮件标题。

尽管我们希望对本书做到尽善尽美，但疏漏依然在所难免。如果读者发现谬误，无论是文字错误抑或是代码错误，还望不吝赐教。对此，读者可访问 http://www.packtpub.com/submit-errata，选取对应书籍，输入并提交相关问题的详细内容。

版权须知

一直以来，互联网上的版权问题从未间断，Packt 出版社对此类问题异常重视。若读者在互联网上发现本书任意形式的副本，请告知我们网络地址或网站名称，我们将对此予以处理。关于盗版问题，读者可发送邮件至 copyright@packtpub.com。

若读者针对某项技术具有专家级的见解，抑或计划撰写书籍或完善某部著作的出版工作，可访问 authors.packtpub.com。

问题解答

若读者对本书有任何疑问，可发送邮件至 questions@packtpub.com，我们将竭诚为您服务。

目　　录

第 1 部分　SAS 基础知识

第 1 章　SAS 编程入门 ... 3
- 1.1　SAS 数据集 ... 3
  - 1.1.1　创建一个 SAS 表 ... 4
  - 1.1.2　创建数据集 ... 6
- 1.2　SAS 编程语言——基本语法 ... 8
  - 1.2.1　数据步骤 ... 9
  - 1.2.2　Proc SQL ... 10
- 1.3　SAS LOG ... 10
  - 1.3.1　SAS 中的命名规则 ... 11
  - 1.3.2　SAS 中 Teradata 的命名规则 ... 12
- 1.4　数据集选项 ... 12
  - 1.4.1　压缩技术 ... 13
  - 1.4.2　加密技术 ... 13
  - 1.4.3　索引机制 ... 14
- 1.5　SAS 运算符 ... 15
  - 1.5.1　算术运算符 ... 15
  - 1.5.2　比较运算符 ... 16
  - 1.5.3　逻辑运算符 ... 16
- 1.6　格式 ... 16
  - 1.6.1　格式化有效数据以使其更具可读性 ... 16
  - 1.6.2　指定一种格式以使其具有实际意义 ... 18
  - 1.6.3　调整数据类型 ... 19
- 1.7　子集数据集 ... 22
  - 1.7.1　WHERE 语句和 IF 语句 ... 23
  - 1.7.2　使用 OPTIONS ... 24
  - 1.7.3　DROP 或 KEEP 选项 ... 25

1.7.4 查看属性 26
1.8 字典表 28
1.9 _ALL_和_IN_的角色 31
1.10 本章小结 34

第2章 数据操控和转换 35
2.1 变量的长度 36
2.2 大小写转换和对齐 39
2.2.1 LowCase()、PropCase()和UpCase()函数 39
2.2.2 AnyUpper()、AnyLower()和NoTupper()函数 40
2.2.3 Left()和Right()函数 41
2.3 字符串识别 41
2.3.1 Scan()函数 42
2.3.2 Index()、Indexc()和Indexw()函数 46
2.3.3 Find()函数 47
2.4 处理空格 50
2.5 缺失值和多重值 51
2.6 区间计算 52
2.7 连接 57
2.7.1 CAT()函数 57
2.7.2 CATS()、CATT()和CATX()函数 58
2.7.3 Lag()函数 60
2.8 逻辑和控制 62
2.8.1 IFC()和IFN()函数 62
2.8.2 WhichC()或WhichN()函数 63
2.8.3 Choosen()和Choosec()函数 64
2.9 数字操控 65
2.10 本章小结 67

第2部分 合并、优化和描述性统计数据

第3章 合并、索引、加密和压缩技术 71
3.1 合并机制简介 71

  3.1.1 连接 72
  3.1.2 交叉 73
  3.1.3 合并 73
  3.1.4 更新 74
  3.1.5 修改 76
 3.2 连接 77
  3.2.1 不同的变量长度和附加变量 77
  3.2.2 重复值 80
  3.2.3 不同的数据类型 80
  3.2.4 利用临时变量 80
  3.2.5 PROC APPEND 82
 3.3 交叉 84
 3.4 合并 86
  3.4.1 匹配法 86
  3.4.2 重叠变量 88
  3.4.3 一对多合并 90
  3.4.4 数据向量编程 91
  3.4.5 多对多合并 93
 3.5 索引机制 96
  3.5.1 唯一值 99
  3.5.2 缺失值 99
 3.6 加密 100
 3.7 本章小结 102

第4章 统计、报表、转换过程和函数 103
 4.1 Proc Freq 103
  4.1.1 交叉表 105
  4.1.2 限制 Proc Freq 的输出 106
  4.1.3 基于控制变量的交叉表 106
  4.1.4 Proc Freq 和统计测试 108
 4.2 Proc Univariate 111
  4.2.1 基本统计和极端观察数据 112
  4.2.2 正态性测试 113

  4.2.3 位置测试 115
4.3 Proc Means 和 Proc Summary 116
  4.3.1 Proc Means 116
  4.3.2 Proc Summary 117
4.4 Proc Corr 118
4.5 Proc REG 119
4.6 Proc Transpose 125
4.7 本章小结 128

第 3 部分 高 级 编 程

第 5 章 高级编程技术：SAS 宏 131
5.1 宏定义 131
5.2 宏变量处理机制 132
5.3 宏解析跟踪机制 138
5.4 宏定义处理机制 141
5.5 比较位置和关键字参数 143
5.6 数据驱动型编程 144
5.7 利用自动全局宏变量 146
5.8 评估宏 149
5.9 编写高效的宏 152
5.10 本章小结 153

第 6 章 函数、选项和自动变量 155
6.1 NOMPREPLACE 和 MREPLACE 155
6.2 NOMCOMPILE 和 NCOMPILE 157
6.3 MCOMPILENOTE 158
6.4 NOMEXECNOTE 和 MEXECNOTE 159
6.5 MAUTOCOMPLOC 160
6.6 MACRO 和 NOMACRO 161
6.7 交换 DATA 步骤和宏变量之间的值 162
6.8 Call Execute 164
6.9 修改 CALL SYMPUT 示例 165

6.10 解析宏变量 166
　6.10.1 文本中的宏变量名称 166
　6.10.2 宏变量和库 167
　6.10.3 间接宏引用 169
　6.10.4 基于单一宏调用的宏变量引用系列 170
　6.10.5 多个&符号 171
6.11 宏屏蔽机制 172
　6.11.1 使用%STR 173
　6.11.2 使用%NRSTR 175
　6.11.3 使用%BQUOTE 和%NRBQUOTE 176
6.12 本章小结 176

第 4 部分　SAS 中的 SQL

第 7 章　Proc SQL 高级编程技术 179
7.1 比较数据步骤和 Proc SQL 179
7.2 Proc SQL 连接 180
　7.2.1 内连接 182
　7.2.2 左连接 184
　7.2.3 右连接 187
　7.2.4 全连接 189
　7.2.5 一对多连接 190
　7.2.6 多对多连接 192
7.3 Proc SQL 概要 193
　7.3.1 子集 193
　7.3.2 分组和汇总机制 196
7.4 字典表 198
7.5 本章小结 200

第 8 章　深入理解 Proc SQL 201
8.1 Proc SQL 中的 SAS 视图 201
　8.1.1 SQL 视图语法 202
　8.1.2 描述视图 203

- 8.1.3 利用视图提升性能 206
- 8.2 利用 Proc Means 执行修改操作 208
  - 8.2.1 删除操作 208
  - 8.2.2 修改操作 210
- 8.3 利用 Proc SQL 识别重复内容 214
- 8.4 在 Proc SQL 中创建索引 217
- 8.5 宏和 Proc SQL 219
  - 8.5.1 利用 Into 子句创建宏变量 219
  - 8.5.2 利用 Into 子句创建多个宏变量 220
- 8.6 本章小结 222

第 5 部分　数据可视化和报表

第 9 章　数据可视化 225
- 9.1 数据可视化在分析中饰演的角色 225
- 9.2 直方图 226
- 9.3 线图 232
- 9.4 垂直条形图和水平条形图 236
- 9.5 散点图 244
- 9.6 箱形图 248
- 9.7 本章小结 250

第 10 章　报表机制和数据传输系统 251
- 10.1 Proc Tabulate 252
  - 10.1.1 比较多个 Proc Mean 和 Proc Tabulate 252
  - 10.1.2 基于 Proc Tabulate 的多个表 254
  - 10.1.3 选择统计数据 254
  - 10.1.4 格式化输出结果 255
  - 10.1.5 二维输出 256
- 10.2 指定 ODS 目标 258
- 10.3 格式化 ODS 文件 259
  - 10.3.1 多个电子表格 259
  - 10.3.2 使用过滤器 262

10.3.3 控制输出选项 262
10.3.4 修改默认的单元格 266
10.4 ODS Excel 图表 266
10.4.1 输出结果的颜色编码 268
10.4.2 复制公式 268
10.5 本章小结 269

第 1 部分

SAS 基础知识

第 1 部分将向读者介绍 SAS 环境，并让读者尝试编写第 1 个程序，同时简要介绍 SAS 在后台执行程序时的工作方式。读者将学习如何利用各种函数操控和转换数据。

第 1 部分内容主要包括下列章节。
- 第 1 章，SAS 编程入门。
- 第 2 章，数据操控和转换。

第 1 章　SAS 编程入门

本章将学习并掌握基本的 SAS 编程技术。本章内容可视为 SAS 编程的基石；而对于有经验的 SAS 程序员，本章将帮助您回顾 SAS 幕后的一些功能和技巧，进而为后续学习打下坚实的基础。本章主要涉及以下主题。

- SAS 数据集。
- SAS 编程语言——基本语法。
- SAS LOG。
- 数据集选项。
- SAS 运算符。
- 格式。
- 子集数据集。

1.1　SAS 数据集

SAS 数据集包含组织为行和列的值，并可由 SAS 进行处理（读/写操作）。相应地，数据集可以是一个数据文件（表）或视图。无论通过哪种方式，数据集的格式一般呈矩形。数据集通常包含描述符部分和数据部分。虽然在图 1.1 中，我们仅可看到列/变量名称，但描述符还可保存进一步的信息，如数据集中的行数（通常被称作观察结果）、创建的日期和时间以及操作环境。这一部分被称作数据部分，负责保存全部数据值。

SAS 数据集可计算的最大观察数量由操作环境的长整型数据定义。在 32 位长整型的操作环境中，最大数量为 $2^{31}-1$，或约为 20 亿（2 147 483 647）个观察结果。在 64 位长整型的操作环境中，最大数量为 $2^{63}-1$，或约为 9.2 万亿个观察结果。在某些实际场景中，使用 32 位长整型的操作机器可能会达到 20 亿次观察计数这一最大值。然而，64 位的长整型机器一般不太可能达到允许的观察上限。

在处理 SAS 数据时，一般不太关注确切的观察结果数量。例如，不管是 500 万还是 600 万个观察数量并不重要。但是，与查询 500 万个观察数据的表相比，查询包含 500 个观察数据的表要快得多。观察结果仅有助于评估处理时间。在本书中，我们将学习与加速处理相关的编程技术，而本章则介绍与此相关的压缩技术。

Obs	City	Index	Prev_yr_index	Housing	Food	Travel	Utility	Education	Leisure	Other
1	Adelaide	85	83	35	10	10	9	14	10	12
2	Beijing	90	92	40	10	15	10	18	5	2
3	Copenhagen	65	64	25	15	10	10	12	12	16
4	Doha	56	50	30	15	5	10	10	20	10
5	Dubai	75	76	30	16	14	10	20	8	2
6	Dublin	45	43	30	10	8	12	10	15	15
7	Hong Kong	83	88	45	5	10	15	15	9	1
8	Johannesburg	35	40	45	5	5	15	15	10	5
9	Manila	41	42	25	10	15	15	20	10	5
10	Moscow	48	53	40	20	5	5	10	10	10
11	Mumbai	83	85	40	10	15	15	10	9	1
12	Munich	65	64	35	10	10	10	10	10	15
13	New York	89	85	40	10	15	10	20	5	5
14	Oslo	60	58	25	15	5	5	15	20	15
15	Paris	70	70	30	10	5	10	10	20	15

图 1.1

与观察结果相比，更为重要的是每个 ID 变量的记录数量。在图 1.1（生活成本表）中，我们持有 15 个观察结果，每个观察数据为一条不同城市的记录。在该示例中，City 变量变为一个 ID 变量。在零售交易表中，针对每个积分卡可能包含数百条记录。多条记录可能代表一段时间内购买的商品，全部记录均与一张积分卡卡号联系在一起。

在每一个变量中，数据被完全填充的情况较少。例如，如果某些问题并不需要强制回答，那么针对问卷调查形成的数据表中的某些内容将会缺失。此类信息对每个变量来说均不可用，而对应实例被设置为表中的缺失值。相应地，"."表示缺失的数字记录，而空格（" "）则表示缺失的字符记录。

注意：

0 值不同于缺失值。

1.1.1 创建一个 SAS 表

SAS 在创建一个表时，包含两个阶段，即编译和执行。
图 1.2 显示了表创建过程中详细的编译和执行过程。

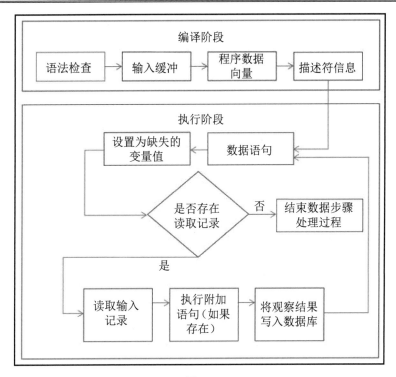

图 1.2

1. 编译阶段

编译阶段是指后端处理所生成的输出结果，用户往往难以了解这一阶段的具体操作内容。编译阶段的任务包括语法检查、输入缓冲区（当读取现有的数据集时不会创建输入缓冲区）、程序数据向量（program data vector，PDV）和描述符信息。

- 语法检查。在语法检查任务中，SAS 检查代码语法是否正确，随后将编程语句转换为机器码，以帮助执行代码。只有在语法正确的情况下，SAS 才会在编译阶段继续执行其他任务。
- 输入缓冲区。输入缓冲区可视为内存中的逻辑区域，SAS 从原始数据文件中读取数据记录。如果某个数据集从另一个 SAS 数据集中创建，则不会生成输入缓冲区。
- PDV。PDV 是一个内存中的逻辑区域，SAS 通过将每个观察数据每次写入来构建数据集。相应地，数据将从输入缓冲区中被读取。随后，值被赋予 PDV 中的变量。另外，对应值作为单一观察数据被写入数据集。此处，将在 PDV 中创建两个自动变量，即_N_和_ERROR_。这两个变量并不是所创建的输出数据集中的一部分内容。其中，变量_N_表示数据步骤的迭代次数。当发生错误时，_ERROR_变量捕获每个数据步骤中的实例数量。
- 描述符信息。这一部分内容包含与数据集相关的信息，也包含数据集和变量属性。

2. 执行阶段

在执行阶段，SAS 将 PDV 值写入当前观察数据的输出数据集。PDV 值被设置为"缺失"值。如果存在更多的读取记录，那么程序将返回至数据步骤的顶部并再次执行该步骤。随后，下一个观察数据将被构建并存储到输出数据集中。这一过程持续进行，直至不存在可读取的记录。随后，数据集将被关闭，SAS 转至程序文件中的下一个 DATA 或 PROC 步骤（如果存在）。

1.1.2 创建数据集

本节介绍创建图 1.1 时编译和执行阶段的各个步骤。对此，我们将运行下列程序创建数据集。

```
DATA COST_LIVING;
INPUT City $12. Index Prev_yr_index Housing Food Travel Utility Education Leisure Other;
DATALINES;
Adelaide 85 83 35 10 10 9 14 10 12
Beijing 90 92 40 10 15 10 18 5 2
Copenhagen 65 64 25 15 10 10 12 12 16
Doha 56 50 30 15 5 10 10 20 10
Dubai 75 76 30 16 14 10 20 8 2
Dublin 45 43 30 10 8 12 10 15 15
Hong Kong 83 88 45 5 10 15 15 9 1

Johannesburg 35 40 45 5 5 15 15 10 5
Manila 41 42 25 10 15 15 20 10 5
Moscow 48 53 40 20 5 5 10 10 10
Mumbai 83 85 40 10 15 15 10 9 1
Munich 65 64 35 10 10 10 10 10 15
New York 89 85 40 10 15 10 20 5 5
Oslo 60 58 25 15 5 5 15 20 15
Paris 70 70 30 10 5 10 10 20 15
Seoul 73 75 30 10 10 10 15 15 10
Singapore 75 74 35 15 10 10 20 5 5
Tokyo 87 85 40 15 10 5 15 14 1
Zurich 63 61 30 10 10 15 10 10 15
```

;
RUN;

由于编译的第 1 阶段（检查语法错误）不会遇到任何错误，因而当前程序得以正确的执行。出于演示目的，可尝试移除 DATALINES 命令后的";"，当运行修改后的代码时，将会看到如图 1.3 所示的错误，且不会生成任何输出表。

```
1          OPTIONS NONOTES NOSTIMER NOSOURCE NOSYNTAXCHECK;
72
73         DATA COST_LIVING;
74         Input City $12. Index  Prev_yr_index Housing Food Travel Utility Education Leisure
75         Datalines
76         Adelaide    85 83 35 10 10 9 14 10 12
                       ‾‾
                       22
                       76
ERROR 22-322: Syntax error, expecting one of the following: ;, CANCEL, PGM.

ERROR 76-322: Syntax error, statement will be ignored.
```

图 1.3

接下来回顾上一个日期创建程序中 SAS 的各项处理步骤，以了解 PDV 的生成方式。在语法检查完毕后，将创建输入缓冲区和 PDV。其中，PDV 包含了输入语句中声明的全部变量。在初始阶段，全部变量值均设置为缺失值；自动变量 _N_ 和 _ERROR_ 都设置为 0。

```
Input Buffer
----+----1----+----2----+----3----+----4----+----5----+----6----+----7
----+----8----+----9----+-
```

PDV 如下所示。

City	Index	Prev_yr_index	Housing	Food	Travel	Utility	Education	Leisure	Other
	.	.	.	.	.	.	.	.	.

其中，City 变量声明为一个字符变量，其余变量则声明为数字。另外，缺失的字符值均被设置为空格（blank），而缺失的数字值则记为"."。随后将执行数据步骤，数据值首先被赋予输入缓冲区，并于随后写入 PDV。

```
Input Buffer
----+----1----+----2----+----3----+----4----+----5----+----6----+----7
----+----8----+----9----+-
Adelaide 85 83 35 10 10 9 14 10 12
```

PDV 如下所示。

City	Index	Prev_yr_index	Housing	Food	Travel	Utility	Education	Leisure	Other
Adelaide	85	83	35	10	10	9	14	10	12

此时，SAS 将 PDV 中的数据值写入输出数据集。变量 _N_ 被设置为 1，_ERROR_ 被设置为 0，PDV 被设置为缺失值。由于包含更多的数据行需要读取，因而程序将继续执行。

```
Input Buffer
----+----1----+----2----+----3----+----4----+----5----+----6----+----7
----+----8----+----9----+-
Adelaide 85 83 35 10 10 9 14 10 12
```

PDV 如下所示。

City	Index	Prev_yr_index	Housing	Food	Travel	Utility	Education	Leisure	Other
.	.	.	.	.	.	.	.	.	.

对于第 2 行数据，下列输入缓冲区中的值和 PDV 将被写入。

```
Input Buffer
----+----1----+----2----+----3----+----4----+----5----+----6----+----7
----+----8----+----9----+-
Beijing 90 92 40 10 15 10 18 5 2
```

PDV 如下所示。

City	Index	Prev_yr_index	Housing	Food	Travel	Utility	Education	Leisure	Other
Beijing	90	92	40	10	15	10	18	5	2

当前，观察数据将被写入数据集，变量 _N_ 将加 1 以使其值为 2。由于未出现任何错误，变量 _ERROR_ 将再次被设置为 0。该过程继续进行，直至最后一个观察数据被读取并发送到输出数据集中。

1.2 SAS 编程语言——基本语法

我们使用第 1 个程序中的代码创建了一个数据集，该数据集通过所谓的"数据步骤"被创建。这里，数据步骤表示一个语句的集合，从而可创建、调整和控制输出结果。除此之外，SAS 还采用了结构化查询语言（SQL）。接下来将结合 SAS 讨论数据步骤的基本语法，并介绍一些更加高级的示例代码。

1.2.1 数据步骤

下列代码展示了最简单的数据步骤形式。

```
DATA WORK.Air;
SET SASHELP.Air;
RUN;
```

在上述数据步骤中，通过 SET 语句，我们指定了需要引用的数据集。程序中没有使用条件语句，进而从 SASHELP 库中的 Air 数据集中选择相应的记录。因此，SET 语句中数据集的所有内容将被复制到 DATA 语句指定的数据集中。在 SET 语句中，需要指定一个数据集。然而，如果在 SET 语句中指定了_LAST_，那么将使用 SAS 会话中最近一次创建的数据集。最后，指定了 Run 命令来执行该程序。在 DATA 语句中，唯一不需要使用 Run 命令的情形是：采用 INPUT 语句创建数据集（参见稍后所展示的代码）。

DATA 语句表明，我们将要使用数据步骤。在 DATA 语句中，指定了输出数据集。其中，WORK 即为 SAS 中的库。这里，库类似于 Windows 中的文件夹，用于存储文件其他各种东西，如格式和目录等。另外，每个 SAS 会话（每个 SAS 软件调用实例称作一个独立的会话）将被赋予其自身的临时工作空间。相应地，临时工作空间也称作工作库（Work Library）。在会话结束后，临时工作会话将被清除。除非保存至某个持久化库中，否则 Work 库的全部内容均被删除。如果未指定 Work 库，默认状态下，数据集将在临时工作空间内创建。

这里，持久化库是可以采用物理路径分配的库。在 BASE SAS 中，持久化库可表示为一个位于计算机设备中的物理文件夹；在 SAS Enterprise Guide Studio 和其他软件中，可能是服务器上的空间。相应地，数据集名称由两部分内容组成，即库名及其后面的数据集名称，二者通过"."号分隔。当在 Work 库中创建数据集时，用户仅需指定数据集名称即可。如果未指定数据集名称，SAS 将把数据集命名为 D1、D2 等。

```
DATA;
INPUT Id;
DATALINES;
1
2
;
RUN;
```

由于这是 SAS 会话中的第 1 个程序，且未指定数据集名称，因而名称 D1 将被分配给该数据集，如图 1.4 所示。

```
1       OPTIONS NONOTES NOSTIMER NOSOURCE NOSYNTAXCHECK;
72
73          data;
74          input id;
75          datalines;

NOTE: The data set WORK.DATA1 has 2 observations and 1 variables.
NOTE: DATA statement used (Total process time):
      real time           0.00 seconds
      cpu time            0.00 seconds
```

图 1.4

稍后将进一步探讨数据步骤的选项。

1.2.2　Proc SQL

SAS 通过一个内置过程使用 SQL。考虑到本书的重点内容并不在于 SQL，因而简单介绍一下 SAS 中 SQL 查询的基本结构。

```
PROC SQL;
  CREATE TABLE Table_Name AS
  SELECT
  FROM
  WHERE
  GROUP BY;
QUIT;
```

PROC 命令用于指定 SAS 中的内建过程。在前述程序中，我们引用过 SQL 过程。类似于数据步骤，我们首先指定了要创建的表名，随后列出需要从另一个数据集中选择的变量。所选的数据集名称被命于 FROM 语句中。另外，WHERE 子句则用于对数据进行子选择；GROUP BY 子句用于汇总函数。最后，通过指定 QUIT 参数来结束这一过程。

1.3　SAS LOG

编码环境中的 SAS LOG 部分用于存储用户在当前会话中执行的所有操作的位置，包括程序提交实例，以及在执行时可能终止的任何程序的消息。除此之外，SAS LOG 还包含了系统生成的消息，其中涉及两种类型。具体来说，第 1 个实例表示 SAS 版本和关于系统的其他一些细节写入 LOG 时所在的位置；第 2 个实例则表示用户代码响应的生成时间和写入 LOG 的时间。其间，响应结果可能会显示程序是否运行成功，或包含某些被忽略的语法错误。程序提交消息可方便地在 LOG 中予以识别，因为它们包含了与自身关联的行号。

接下来查看运行第 1 个程序后所生成的 LOG，如图 1.5 所示。

```
1          OPTIONS NONOTES NOSTIMER NOSOURCE NOSYNTAXCHECK;
72
73         DATA WORK.Air;
74         SET SASHELP.Air;
75         RUN;

NOTE: There were 144 observations read from the data set SASHELP.AIR.
NOTE: The data set WORK.AIR has 144 observations and 2 variables.
NOTE: DATA statement used (Total process time):
      real time           0.00 seconds
      cpu time            0.00 seconds


76
77
78         OPTIONS NONOTES NOSTIMER NOSOURCE NOSYNTAXCHECK;
91
```

图 1.5

LOG 左侧为行号。其中，第 1 行包含了默认的 SAS 会话设置。程序的 LOG 在第 73 行开始生成。在第 73～75 行中，程序编辑器窗口指定的程序将被复制到 LOG 中，且 LOG 没有出现任何错误。另外，NOTE 部分显示了读取自输入数据集中的观察数据的数量，还包含了输出数据集中观察数据和变量的数量。最后，在 NOTE 的结尾处还展示了执行查询所花费的时间。

通过读取 LOG，用户可查看所运行的程序、注释、警告信息或生成的错误、输入和输出数据集生成的汇总信息以及查询所执行的时间。在首次运行后，用户可能需要对程序进行适当的调整，因为输出结果有可能与期望结果有所差异，或者生成了错误内容。无论如何，在编辑程序之前了解 LOG 内容不可或缺。

1.3.1 SAS 中的命名规则

SAS 中需要遵循命名规则的一些常用功能包括，用户创建的变量、数据集、格式或信息、数组、标签、宏变量、库名和文件引用。

SAS 名称的通用规则如下。

- 变量名最多为 32 个字符，而其他一些名称（如库名）最多为 8 个字符。

- 在命名规范中，SAS 并不区分大小写，这一点与其他一些编程语言或统计包有所不同。
- 名称不可以以数字开始，而是字符或下画线，但第二个字符可以是一个数字或下画线。在名称中，除了下画线，不允许使用其他特殊字符。对于变量名，下画线是程序员经常使用的字符，用于连接多个单词，如 Order_Date、Payment_Date 或 Delivery_Date。另外，变量名不可包含空格。因此，对于代码和数据的用户来说，下画线是提升可读性的一种重要方式。
- 在一些针对 filerefs 的 SAS 命名实例中，允许使用一些特殊字符。
- SAS 函数和关键字保留了某些系统使用的名称。例如，不可指定与 SAS 安装相关联的默认库名作为库名称，包括 SASHELP、SASUSER 和 WORK。

SAS 已经设置了名为 sysdate 的宏变量，因此用户不可生成具有相同名称的宏变量。

注意：
数组、标记、变量、数字格式、宏、数据集的最大长度为 32。字符格式的长度则为 31。字符和数字信息的长度分别为 30 和 31。文件引用和库名的最大长度为 8。

1.3.2 SAS 中 Teradata 的命名规则

Teradata 的命名规则与 SAS 有所不同，具体如下。
- 与 SAS 不同（名称最多包含 32 个字符），SAS 中的 Teradata 名称包含 1~30 个字符。
- 名称可包含字母 A~Z、数字、下画线以及美元和英镑符号。
- 可在双引号中指定名称。通过这种方式，名称可包含除双引号之外的任何字符。
- 双引号中的名称不区分大小写。

1.4 数据集选项

多个内建 SAS 选项可应用于数据集上，并有助于实现下列操作。
- 重命名变量。
- 针对子集构造选择变量。
- 保留选择变量。
- 指定数据集的密码，并对其压缩和加密。

本书将介绍多种数据集选项，下面首先讨论压缩、加密和索引选项。

1.4.1 压缩技术

压缩可减少存储每个观察数据所需的字节数量。压缩技术的优点是操作过程需要较少的存储,这是因为在处理过程中需要较少的字节和较少的 I/O 操作来读取和写入数据。压缩技术的最大缺点是需要占用过多的 CPU 资源读取压缩文件,在某些时候,最终的文件大小可能会导致增加(而非减少)执行 SAS 语句所需的时间。这就是许多 SAS 用户最终不压缩数据集而错失优势的原因之一。用户需要知道,一些 SAS 管理员将压缩作为服务器级别的默认选项。

COMPRESS=YES 数据集有助于压缩一个文件,该选项适用于 SAS 数据文件而非一个视图。另外,这仅会影响输出语句中指定的数据集,而不影响 SET 语句中的数据集。相应地,解压一个文件的最佳方式是创建一个新文件。或者,也可以在重新创建数据集时使用 COMPRESS=NO 选项。记住,除非指定了 NO 选项,否则 YES 选项在 SAS 会话中仍然处于激活状态。

压缩技术的优势可通过查看压缩后的 SAS LOG 进行衡量。对此,可在 LOG 中生成一条消息,进而表明压缩前后文件大小所减少的百分比。

```
DATA WORK.Air (COMPRESSION = YES);
SET SASHELP.Air;
RUN;
```

下列注释内容将被写入 SAS LOG,表明压缩并未带来任何好处,因而被禁用。

```
NOTE: Compression was disabled for data set WORK.AIR because compression
overhead would increase the size of the data set.
```

据此,我们了解到数据集在生成过程中未使用压缩选项。

1.4.2 加密技术

当对数据集加密时,需要使用 READ 或 PW 数据集选项。如果密码丢失,则仅有 SAS helpdesk 可以解决这一问题。另外,更改密码的另一种方法是重新创建数据集。这里,我们将尝试使用下列代码块加密 Air 数据集。

```
DATA WORK.Air (ENCRYPT = YES READ=CHAPTER2);
SET SASHELP.Air;
RUN;
```

```
PROC PRINT DATA = WORK.Air(READ=CHAPTER2);
RUN;
```

此处需要设定密码，进而能够在输出过程中读取数据集。

1.4.3 索引机制

顾名思义，索引机制是一种通知 SAS 如何排列数据的方式。通常，SAS 数据集存储于页面中。除非对数据集进行索引，否则 SAS 无法知道信息存储在哪个页面或序列上。索引针对特定的变量以升序存储值，同时包含此类值在数据文件中的位置信息。换言之，索引可通过值定位观察数据。

相应地，可以对一个变量或多个变量进行索引。当在多个变量上进行索引时，该过程被称作复合索引。索引需要存储于某处，以便使用索引数据的后续程序能够对其加以使用。它们被存储为一个独立的数据文件，数据集的所有索引存储在一个文件中。

注意，索引并不会自动转移至使用索引输入数据集创建的数据集中。然而，当添加或删除索引数据集中的观察数据时，索引将被自动更新。索引机制的优点是，可以在数据集创建阶段，或之后的任何时候创建索引；数据集不需要针对索引机制进行压缩。

索引的缺点如下。

❑ 对于 WHERE 处理过程，索引可提供数据子集的快速、高效的访问。

ⓘ 注意：

为了处理 WHERE 表达式，默认情况下，由 SAS 决定使用索引还是顺序读取数据文件。需要注意的是，IF 条件从不使用索引。

❑ 对于 BY 处理，索引按照索引顺序（即升序顺序）返回观察结果，而不使用 SORT 过程，即使数据文件没有按照该顺序存储。

创建索引的最大缺点是与之相关的开销。例如，运行期的存储和创建索引所占用的时间均涵盖了较大的开销。默认状态下，索引不应被创建，仅在问题数据集被重复查询时才创建索引。应该创建索引的另外一个明确的实例是，索引的存在是否显著地减少了与分析任务所关联的（用户正在执行的）运行时间。因此，用户应该谨慎考虑数据集中哪些变量需要使用索引。

相应地，生成索引的语法如下。

```
INDEX CREATE index-specification-1 <...index-specification-n>
 </ <NOMISS> <UNIQUE> <UPDATECENTILES= ALWAYS | NEVER | integer>>;
```

其中，语法参数为 index-specification(s)，并可定义为以下两种形式之一。
- variable：在指定的变量上创建一个简单的索引。
- index=(variables)：创建复合索引。

此外，可选参数如下。
- NOMISS：针对索引中的全部索引变量，排除包含缺失值的观察数据。
- UNIQUE：索引变量的值组合必须唯一。
- UPDATECENTILES=ALWAYS | NEVER | integer：指定何时更新百分位。

下面创建一个简单的索引。

```
PROC DATASETS LIBRARY=WORK;
  MODIFY Cost_Living;
    INDEX CREATE City;
RUN;
```

运行时，下列消息将被写入 LOG。

```
NOTE: Simple index City has been defined.
NOTE: MODIFY was successful for WORK.COST_LIVING.DATA.
```

当在 City 和 Index 变量上创建复合索引时，可使用 PROC DATASETS 中的下列语句。

```
INDEX CREATE City_and_Index = (City Index);
```

单一和复合索引间的语法差别在于，必须为复合索引指定一个唯一的名称。

1.5 SAS 运算符

SAS 运算符表示比较、算术运算或逻辑操作。本节将研究 SAS 中的各种运算符。

1.5.1 算术运算符

当执行算术操作时，可在 SAS 中使用如表 1.1 所示的运算符。

表 1.1

符　　号	定　　义	符　　号	定　　义
+	加法	*	乘法
/	除法	-	减法
**	指数		

1.5.2 比较运算符

比较运算符基于两个变量、常量或表达式设置比较、操作或计算。如果比较结果为 true，那么对应结果为 1；如果比较结果为 false，则对应结果为 0。表 1.2 显示了 SAS 中每个比较运算符的符号、等效助记符和定义。

表 1.2

符　号	等效助记符	定　义
=	EQ	等于
^=（或 ¬=，~=）	NE	不等于
>	GT	大于
<	LT	小于
>=	GE	大于或等于
<=	LE	小于或等于
	IN	等于某个列表

1.5.3 逻辑运算符

逻辑运算符也称作布尔运算符，常用于表达式中以链接比较序列。表 1.3 显示了相应的逻辑运算符。

表 1.3

符　号	等效助记符	符　号	等效助记符
&	AND	¬（或^，~）	NOT
｜（或!，¦）	OR		

1.6 格　式

当在 SAS 中使用相应的格式时，存在以下 3 种场合。
（1）格式化有效数据以使其更具可读性。
（2）赋予特定格式，以使数据更具实际意义。
（3）调整数据类型，以进行计算、派生等。

1.6.1 格式化有效数据以使其更具可读性

SAS 将所有日期存储为数字格式的唯一数字。所有日期都存储为从 1960 年 1 月 1 日起的日期数量。当采用数轴表示时,1960 年 1 月 1 日之前的日期都是负数,而之后的日期都是正数。相应地,解码数字格式的日期十分麻烦。对此,一种简单的方法是利用 SAS 中的日期格式显示一个日期。下面探讨添加一个新的日期变量的生活成本的数据集。

```
DATA COST_LIVING;
INPUT City $12. Index Prev_yr_index Housing Food Travel Utility Education
Leisure Other Updated MMDDYY6.;
DATALINES;
Adelaide 85 83 35 10 10 9 14 10 12 010118
Beijing 90 92 40 10 15 10 18 5 2 010118
Copenhagen 65 64 25 15 10 10 12 12 16 020118
Doha 56 50 30 15 5 10 10 20 10 030118
Dubai 75 76 30 16 14 10 20 8 2 040118
.
.
.
;
```

其中,输入数据可采用月、日、年的格式定义并通过 6 个数字加以表达。为了确保 SAS 将此类日期存储为一个数字,我们需要指定输入格式。这里,MMDDYY6.表示变量长度为 6 个数字的输入格式,如图 1.6 所示。

Obs	City	Index	Prev_yr_index	Housing	Food	Travel	Utility	Education	Leisure	Other	Updated
1	Adelaide	85	83	35	10	10	9	14	10	12	21185
2	Beijing	90	92	40	10	15	10	18	5	2	21185
3	Copenhagen	65	64	25	15	10	10	12	12	16	21216
4	Doha	56	50	30	15	5	10	10	20	10	21244
5	Dubai	75	76	30	16	14	10	20	8	2	21275

图 1.6

在图 1.6 中可以看到,针对 Adelaide,Updated 中的索引值日期为 21185。这里的问题是,该值是否为 2018 年 1 月 1 日减去 1960 年 1 月 1 日后的值?

需要注意的是,闰年每隔 4 年出现一次。因此,公历年的平均长度如下。

1 年(平均)=(365+1/4-1/100+1/400)天=365.2425 天

这里,从 Adelaide 的更新日期值到 SAS 日期值的开始时间,共计 58 年,对应数字为 58×365.2425=21184.065,该值与我们所得到的 21185 十分接近。实际上,如果我们用年数(58)乘以恒星年(地球绕太阳一周所花的时间)的值 365.25636,最终得到的值是 21184.86888。经四舍五入后,该值为第 1 个观察数据中 Updated 变量的数字值,即 21185。

对于 1960 年 1 月 1 日，SAS 将其存储为 0；类似地，SAS 将 1960 年 1 月 2 日存储为 1。然而，1959 年 12 月 31 日则存储为-1。因此，当遇到负的日期值时，不要感到困惑。我们所要做的是指定一个日期格式以使该值具有可读性。

针对上述代码，下面在 INPUT 和 DATALINES 参数之间添加 Format 语句。

```
Format Updated Date9.;
```

这将生成具有可读性的日期值。记住，当处理日期时，可添加一个日期格式。另外，输入格式不可或缺，以确保 SAS 正确地解释日期，如图 1.7 所示。

Obs	City	Index	Prev_yr_index	Housing	Food	Travel	Utility	Education	Leisure	Other	Updated
1	Adelaide	85	83	35	10	10	9	14	10	12	01JAN2018
2	Beijing	90	92	40	10	15	10	18	5	2	01JAN2018
3	Copenhagen	65	64	25	15	10	10	12	12	16	01FEB2018
4	Doha	56	50	30	15	5	10	10	20	10	01MAR2018
5	Dubai	75	76	30	16	14	10	20	8	2	01APR2018

图 1.7

1.6.2 指定一种格式以使其具有实际意义

探究加利福尼亚州管理信息（management information，MI）报表分析示例。分析师需要从中央数据仓库中提取每个地区的销售业绩信息，以呈现全球销售业绩的 MI 报告。这里，分析师是否应该直观地知道每个地区的收入以何种货币存储在仓库中？如果为收入指定了相应的格式，并以此表明是当地货币还是常用货币（如美元、日元、欧元或英镑）用于存储该地区的收入数字，那么这将会很有帮助。

下列语句位于 DATA 和 SET 语句之间，并将数字索引值转换为美元。

```
FORMAT Index dollar6.2;
```

在上述代码中，.2 表示已经指定的两个小数空格位；6 表示当前格式的长度，其中包含美元符号。如果指定 5.2 作为格式的长度，那么输出值的格式将为 85.00 而不是$85.00。当前格式的语法定义为 w.d，其中，w 表示格式的长度，而 d 则表示所需小数位的数量。格式指定行为将支持足够的空间以写入数字、十进制规范、"."以及负号。另外，格式的宽度可占用 1~32 的任何数字。十进制规范应小于这一宽度值，如果未指定十进制规范，那么在默认情况下，将写入不包含小数点的值。

图 1.8 显示了指定美元格式后的输出结果。

Obs	Index	City	Prev_yr_index	Housing	Food	Travel	Utility	Education	Leisure	Other	Updated
1	$85.00	Adelaide	83	35	10	10	9	14	10	12	01JAN2018
2	$90.00	Beijing	92	40	10	15	10	18	5	2	01JAN2018
3	$65.00	Copenhagen	64	25	15	10	10	12	12	16	01FEB2018
4	$56.00	Doha	50	30	15	5	10	10	20	10	01MAR2018
5	$75.00	Dubai	76	30	16	14	10	20	8	2	01APR2018

图 1.8

其他货币格式的语法如下。

```
FORMAT Index Euro7.2;/*Euro*/
FORMAT Index NLMNLGBP9.2; /*British Pound*/
FORMAT Index NLMNLJPY9.2; /*Japanese Yen*/
FORMAT Index NLMNLAUD9.2; /*Australian Dollar*/
FORMAT Index NLMNLNZD9.2; /*New Zealand Dollar*/
/*This is a comment*/;
```

💡 提示：

在 SAS 中，注释被写在/* */ 之间；或者，在语句的开始处通过在语句之前添加星号指定注释内容。如果使用星号作为前缀，请记住以分号结束语句，否则下一条语句也会被默认注释且不会被执行。

1.6.3 调整数据类型

当处理数据时，可能需要频繁地修改数据类型。即使数据具有较好的质量，例如，数字存储为正确的数字格式；所有日期字段采用了正确的日期格式，但在此基础上仍然会出现转换或派生行为，进而执行分析操作。

数据分析师较常使用的转换和派生操作（针对需要调整数据类型的数据分析行为）如下。

- ❏ 数字和字符间的转换。
- ❏ 字符和数字间的转换。
- ❏ 使用日期或日期-时间格式。
- ❏ 从数据中析取信息。

在将数字转换为字符时，可使用 PUT() 函数，对应的语法如下。

```
Character_variable = put(numeric_variable, informat.);
```

在将生活成本数据集中的索引变量转换为字符时，可使用下列代码。

```
DATA Num_to_Char;
SET Cost_Living;
Index_char = PUT(Index, 3.);
RUN;
```

首先,我们将变量从数字转换为字符格式,并于随后向数据集中添加一个新变量。当从字符转换为数字时,可使用 INPUT()函数,对应语法如下。

```
Numeric_variable = input(character_variable, informat.);
```

运行下列代码并创建一个数据集,这将有助于理解字符与数字间的转换过程。

```
DATA Convert;
INPUT Id_Char $4. Turnover $7. Turnover_w_Currency $8. Source_Mixed $3.;
DATALINES;
0001 20,000 $20,000 A1
0002 10,000 $10,000 2
;
```

这将生成如图 1.9 所示的数据集。

Obs	Id_Char	Turnover	Turnover_w_Currency	Source_Mixed
1	0001	20,000	$20,000	A1
2	0002	10,000	$10,000	2

图 1.9

在将 Id_char 变量转换为数字时,可使用数据步骤中的下列语句。

```
Id_Num = INPUT(Id_Char, 5.);
```

这将移除数字前的多个 0,并生成变量值 1 和 2。但是,如果希望保留数字前的 0,情况又当如何?对此,可使用下列代码。

```
Id_Num_Leading_Zero = INPUT(Id_Char, $5.);
```

在将 Turnover_w_currency 变量转换为数字数据类型时,需要使用下列正确的输入格式。

```
Turnover_Num = INPUT(Turnover_w_currency, dollar8.);
```

Source_mixed 字段包含了字母-数字数据。当采用下列语句将其转换为数字变量时,我们得到了观察数据 1 的缺失值。在利用自动脚本实施数字转换时,用户应谨慎处理。在一些场合下,缺失值是可以接受的;而在某些情况下,字母-数字这一类数据可能会对数据质量产生负面影响。

```
Source_numeric = INPUT(source_mixed, 3.);
```

前述内容讨论了日期值，以及 SAS 如何将其解释为数字。另外，包含时间信息的日期变量存储为 SAS 中的数字，但用于解释的格式（包括输入格式）则不同于日期变量的格式。接下来，我们将通过下列示例尝试理解日期-时间值的处理机制。

```
DATA DateTime;
INPUT Id Date_Time Datetime20.;
DATALINES;
1 01aug19:09:10:05.2
2 01aug20:19:20:10.4
;

DATA Convert_DateTime;
SET DateTime;
FORMAT Orig_Date Datetime.;
Orig_Date = Date_Time;

FORMAT Orig_Date_1 Datetime7.;
Orig_Date_1 = Date_Time;
FORMAT Orig_Date_2 Datetime12.;
Orig_Date_2 = Date_Time;
RUN;
```

注意，日期-时间值需采用以下格式：ddmmmyy 或 ddmmmyyyy，随后是空格或特殊字符，以及 hh:mm:ss.ss（时间）。其中，hh 表示 00～23 的小时数；mm 表示 00～59 的分钟数；ss.ss 则表示 00～59 的秒数且包含小数部分。在日期-时间值中，仅 ss.ss 是可选项。

当采用输入格式创建 DataTime 表时，将得到如图 1.10 所示的输出结果。

Obs	Id	Date_Time
1	1	1880269805.2
2	2	1911928810.4

图 1.10

如果缺少时间变量，ID1 和 ID2 的值（日期为 2019 年 8 月 1 日和 2020 年 8 月 1 日）将在 SAS 中存储为 21762 和 22128。在日期中添加时间分量将显著地改变存储在 SAS 中的数字值。

为了使存储在 SAS 中的日期-时间信息更具可读性，我们在 DATA Convert_DateTime 中采用了不同的格式，进而得到了如图 1.11 所示的输出结果。

Obs	Id	Date_Time	Orig_Date	Orig_Date_1	Orig_Date_2
1	1	1880269805.2	01AUG19:09:10:05	01AUG19	01AUG19:09
2	2	1911928810.4	01AUG20:19:20:10	01AUG20	01AUG20:19

图 1.11

对于日期和时间值，我们已经探讨了如何在 SAS 中对其进行读取和输出，并设法将这些日期格式化为相关的查看方式。有些情况下，我们仅需从日期或 datetime 变量中析取出某些信息，此类信息可存储在非日期/日期-时间变量中，如数字变量。

对此，可使用下列语句从 Date 变量中析取 mmddyy 格式的 Year、Month 和 Date。

```
Year = YEAR (Date);
Month = MONTH (Date);
Day = DAY (Date);
```

对于日期 2019 年 8 月 1 日，当使用上述数据步骤中的语句时，可得到年份 2019、月份 8 和日期 1。此时，Year、Month 和 Day 变量将创建为数字变量。

对于 Date_Time 变量，在将其转换为 Year、Month 和 Date 变量之前，需要从中析取出日期部分。对此，可使用下列语句。

```
Year = YEAR (DATEPART(Date_Time));
Month = MONTH (DATEPART(Date_Time));
Day = DAY (DATEPART(Date_Time));
```

对于日期-时间变量 01aug19:09:10:05.2，我们将分别针对年份、月份和日期变量得到值 2019、8 和 1。

1.7 子集数据集

在许多情况下，我们仅需要选择数据集的一部分内容，这一部分内容，或数据集的子集可通过下列 3 种方式实现。

（1）使用 WHERE 和 IF 语句。
（2）使用 SAS 数据集 OPTIONS。
（3）使用 DROP 和 KEEP 语句。

1.7.1 WHERE 语句和 IF 语句

这里，我们仅选取 2019 年更新过的数据。

```
DATA Updated_2019;
SET Cost_Living;
WHERE Year(Updated) = 2019;
RUN;
```

这将生成如图 1.12 所示的输出结果。

Obs	City	Index	Prev_yr_index	Housing	Food	Travel	Utility	Education	Leisure	Other	Updated
1	Manila	41	42	25	10	15	15	20	10	5	01JAN2019
2	Moscow	48	53	40	20	5	5	10	10	10	01JAN2019
3	Mumbai	83	85	40	10	15	15	10	9	1	01JAN2019
4	Munich	65	64	35	10	10	10	10	10	15	01JAN2019
5	New York	89	85	40	10	15	10	20	5	5	01JAN2019
6	Oslo	60	58	25	15	5	5	15	20	15	01JAN2019
7	Paris	70	70	30	10	5	10	10	20	15	01JAN2019
8	Seoul	73	75	30	10	10	10	15	15	10	01JAN2019
9	Singapore	75	74	35	15	10	10	20	5	5	01JAN2019
10	Tokyo	87	85	40	15	10	5	15	14	1	01JAN2019
11	Zurich	63	61	30	10	10	15	10	10	15	01JAN2019

图 1.12

在当前示例中，我们也可以使用 IF 语句生成类似的输出；可以在同一个数据步骤中使用 WHERE 和 IF 语句。

```
DATA Updated_2019;
SET Cost_Living;
WHERE Year(Updated) = 2019;
IF Index >= 80;
RUN;
```

这将进一步构建数据的子集，并生成如图 1.13 所示的输出结果。

Obs	City	Index	Prev_yr_index	Housing	Food	Travel	Utility	Education	Leisure	Other	Updated
1	Mumbai	83	85	40	10	15	15	10	9	1	01JAN2019
2	New York	89	85	40	10	15	10	20	5	5	01JAN2019
3	Tokyo	87	85	40	15	10	5	15	14	1	01JAN2019

图 1.13

当构建子集时，应注意 WHERE 或 IF 语句是否适用于数据步骤。其中，WHERE 语句在 PDV 级别执行，也就是说，仅所选数据或子集数据将被读入 PDV。这可显著地降低查询时间。IF 语句仅可在全部数据读取至 PDV 后执行。如果读取的数据集被索引，那么 WHERE 语句应该优先于 IF 语句。WHERE 语句允许 SAS 直接从索引表中检索指定的值。

由于 WHERE 语句在 PDV 级别上执行，因而无法使用在数据步骤中创建的新变量。下列代码块展示了错误的 WHERE 语句应用示例。

```
DATA Known_Components;
SET Index;
Known_Component_Index = Index-Other;
WHERE Known_Component_Index >= 80;
RUN;
```

这将在 LOG 中生成如图 1.14 所示的错误信息。

```
1          OPTIONS NONOTES NOSTIMER NOSOURCE NOSYNTAXCHECK;
72
73         Data Known_Components;
74         Set Cost_Living;
75         Known_Component_Index = Index-Other;
76         WHERE Known_Component_Index >= 80;
ERROR: Variable Known_Component_Index is not on file WORK.COST_LIVING.
77         Run;
```

图 1.14

对此，可利用下列 IF 语句替换 WHERE 语句。

```
IF Known_Component_Index >= 80;
```

此时，程序在没有任何错误的情况下执行，输出数据集通过 5 个观察值创建。其中，Known_Component_Index 大于或等于 80。

1.7.2 使用 OPTIONS

通过 OBS 和 FIRSTOBS 选项，我们可以限制读取的记录的数量。

```
PROC PRINT DATA = Cost_Living (FIRSTOBS=4 OBS=5);
RUN;
```

这将生成如图 1.15 所示的输出结果。

另外，OPTIONS 还可在数据步骤之外指定。

```
OPTIONS OBS = 2;
```

Obs	City	Index	Prev_yr_index	Housing	Food	Travel	Utility	Education	Leisure	Other	Updated
4	Doha	56	50	30	15	5	10	10	20	10	01MAR2018
5	Dubai	75	76	30	16	14	10	20	8	2	01APR2018

图 1.15

在 SAS 中使用 OPTIONS 对于子集构建来说十分有效。

1.7.3　DROP 或 KEEP 选项

用户经常会使用 DROP 或 KEEP 选项，这些选项有助于保留输出数据集中所需的记录。通过对输入数据集中的记录进行子集化，使用特定的编程语句可以减少程序的执行时间。下面查看以下示例。

```
DATA Keep_and_Drop (DROP = Prev_yr_index);
SET Cost_Living (KEEP = City Index Prev_yr_index);
WHERE Index < Prev_yr_index;
RUN;
```

这将生成如图 1.16 所示的输出结果。

Obs	City	Index
1	Beijing	90
2	Dubai	75
3	Hong Kong	83
4	Johannesburg	35
5	Manila	41
6	Moscow	48
7	Mumbai	83
8	Seoul	73

图 1.16

KEEP 选项有助于限制正在读取的输入数据集仅包含 City、Index 和 Prev_yr_index 变量，并于随后执行 WHERE 语句。最后，使用 DROP 语句，可从输出数据集中移除 Prev_yr_index 变量。KEEP 选项的另一种使用方法是，在一个数据步骤中作为一个单独的语句执行，如下所示。

```
KEEP City Index Prev_yr_index;
```

1.7.4 查看属性

内容过程显示了数据集的详细信息并输出 SAS 库的目录。内容过程的基本形式如下。

```
PROC DATASETS Library=Work;
  CONTENTS DATA=Cost_Living;
RUN;
```

这将生成具有描述性的输出结果，如图 1.17 所示。

Directory	
Libref	WORK
Engine	V9
Physical Name	/tmp/SAS_workB9470000093A_10.0.2.15/SAS_work421F0000093A_10.0.2.15
Filename	/tmp/SAS_workB9470000093A_10.0.2.15/SAS_work421F0000093A_10.0.2.15
Inode Number	671604
Access Permission	rwx------
Owner Name	sasdemo
File Size	4KB
File Size (bytes)	4096

#	Name	Member Type	File Size	Last Modified
1	CONVERT	DATA	128KB	09/01/2019 07:55:54
2	CONVERT_DATETIME	DATA	128KB	09/01/2019 07:57:53
3	COST_LIVING	DATA	128KB	09/01/2019 08:08:23
4	DATETIME	DATA	128KB	09/01/2019 07:57:18
5	FORMAT	DATA	128KB	09/01/2019 07:52:33
6	KEEP_AND_DROP	DATA	128KB	09/01/2019 08:12:17
7	REGSTRY	ITEMSTOR	32KB	09/01/2019 07:41:34
8	SASGOPT	CATALOG	12KB	09/01/2019 07:41:35
9	SASMAC1	CATALOG	208KB	09/01/2019 07:41:34
10	SASMAC2	CATALOG	20KB	09/01/2019 07:41:34
11	SASMAC3	CATALOG	20KB	09/01/2019 07:41:34
12	SASMAC4	CATALOG	20KB	09/01/2019 08:13:31
13	SASMAC5	CATALOG	20KB	09/01/2019 07:41:34
14	SASMAC6	CATALOG	20KB	09/01/2019 07:41:34
15	SASMAC7	CATALOG	20KB	09/01/2019 07:41:34
16	SASMAC8	CATALOG	20KB	09/01/2019 07:41:34
17	SASMAC9	CATALOG	20KB	09/01/2019 07:41:34
18	SASMACR	CATALOG	20KB	09/01/2019 08:12:17
19	UPDATED_2019	DATA	128KB	09/01/2019 08:09:31

图 1.17

DATASETS 过程将生成在程序中指定的数据集的详细信息，如图 1.18 所示。

The DATASETS Procedure			
Data Set Name	WORK.COST_LIVING	Observations	19
Member Type	DATA	Variables	11
Engine	V9	Indexes	0
Created	09/01/2019 09:08:23	Observation Length	96
Last Modified	09/01/2019 09:08:23	Deleted Observations	0
Protection		Compressed	NO
Data Set Type		Sorted	NO
Label			
Data Representation	SOLARIS_X86_64, LINUX_X86_64, ALPHA_TRU64, LINUX_IA64		
Encoding	utf-8 Unicode (UTF-8)		

图 1.18

可以利用引擎/主机相关的信息来优化数据集的存储能力，如图 1.19 所示。当前，考虑到正在处理一个较小的数据集，因而这些信息并不相关。

Engine/Host Dependent Information	
Data Set Page Size	65536
Number of Data Set Pages	1
First Data Page	1
Max Obs per Page	681
Obs in First Data Page	19
Number of Data Set Repairs	0
Filename	/tmp/SAS_workB9470000093A_10.0.2.15/SAS_work421F0000093A_10.0.2.15/cost_living.sas7bdat
Release Created	9.0401M6
Host Created	Linux
Inode Number	671650
Access Permission	rw-rw-r--
Owner Name	sasdemo
File Size	128KB
File Size (bytes)	131072

图 1.19

变量列表提供了变量的类型、长度及格式信息，如图 1.20 所示。

Alphabetic List of Variables and Attributes				
#	Variable	Type	Len	Format
1	City	Char	12	
8	Education	Num	8	
5	Food	Num	8	
4	Housing	Num	8	
2	Index	Num	8	
9	Leisure	Num	8	
10	Other	Num	8	
3	Prev_yr_index	Num	8	
6	Travel	Num	8	
11	Updated	Num	8	DATE9.
7	Utility	Num	8	

图 1.20

1.8 字 典 表

一些 SAS 软件包只需最少的编码经验就可以完成工作。但是，如果想要执行任何高级操作，则只使用包中可用的预定义选项会受到限制。在这种情况下，大多数用户趋向于编写代码。如果打算超越 SAS 已经提供的预定义过程和功能，那么可能需要编写高级程序/宏（稍后将对此加以讨论）。SAS 中的字典是用户较少使用的功能，接下来将介绍其含义和使用方式。

使用字典表的原因如下。

❑ 字典表保存了与 SAS 库、数据集、宏和 SAS 会话中所用的文件相关的全部信息。
❑ 字典表是一个只读视图，因而不会被破坏。
❑ 可获得关于会话的最新信息，因为每次访问字典表时，SAS 确定当前状态并共享最新的信息。
❑ 字典表中的信息可以帮助读者编写高级代码，也可以用作选择观察结果、连接表等的基础内容。

可通过 Proc SQL 方便地访问字典表，也可通过数据步骤对其进行访问，但这需要引用 SASHELP 库中表的 Proc SQL 视图。本书并不打算过多地使用 Proc SQL，为了展示字典表的易用性，这里将使用 SQL。

如果读者对使用字典表查看与 SAS 会话相关的信息有所疑问，那么应仔细考虑这一问题。SAS 会话可能会迅速变得复杂。用户可能已经导入了文件、数千行代码，或 SAS Enterprise Guide 包中数十个流程节点，并快速堆叠，这也是字典表的用武之地。

首先，应理解字典表中创建的索引的结构。对此，运行下列命令。

```
PROC SQL;
Describe Table Dictionary.Indexes;
```

随后，在 LOG 中得到下列注释。

```
NOTE: SQL table DICTIONARY.INDEXES was created like:

create table DICTIONARY.INDEXES
(
  libname char(8) label='Library Name',
  memname char(32) label='Member Name',
  memtype char(8) label='Member Type',
  name char(32) label='Column Name',
  idxusage char(9) label='Column Index Type',
  indxname char(32) label='Index Name',
  indxpos num label='Position of Column in Concatenated Key',
  nomiss char(3) label='Nomiss Option',
  unique char(3) label='Unique Option',
  diagnostic char(256) label='Diagnostic Message from File Open Attempt'
);
```

当使用字典表时，理解上述信息是十分重要的。对应的注释内容以下列格式呈现。

- ❏ 每行的第 1 个单词为列（或变量）名。也就是说，编写引用列（或变量）的 SAS 语句时需要使用的名称。
- ❏ 列名之后是变量类型和列宽度的规范。
- ❏ label=之后的名称是列（或变量）标记。

接下来将利用给定的注释运行一个字典表查询。下列查询将运行于新的 SAS 会话中，该会话不包含导入文件、已运行的程序或已创建的索引。

```
PROC SQL;
        Select * From Dictionary.Tables;
QUIT;
```

对应的输出结果如图 1.21 所示。

图 1.20 表示为字典表输出结果的快照。

当针对 SAS 会话请求字典表的内容时，我们得到了数百行的输出结果，这是因为在会话中运行代码之前，SAS 后端就存储了大量关于 SAS 帮助文件和设置的信息。截至目前，我们已经学习了字典表的结构，从而可减少相关信息。

Library Name	Member Name	Member Type	DBMS Member Type	Data Set Label	Data Set Type	Date Created	Date Modified	Number of Physical Observations
WORK	CONVERT	DATA			DATA	01SEP19:08:55:54	01SEP19:08:55:54	2
WORK	CONVERT_DATETIME	DATA			DATA	01SEP19:08:57:54	01SEP19:08:57:54	2
WORK	COST_LIVING	DATA			DATA	01SEP19:09:08:23	01SEP19:09:08:23	19
WORK	DATETIME	DATA			DATA	01SEP19:08:57:19	01SEP19:08:57:19	2
WORK	FORMAT	DATA			DATA	01SEP19:08:52:34	01SEP19:08:52:34	5
WORK	KEEP_AND_DROP	DATA			DATA	01SEP19:09:12:17	01SEP19:09:12:17	8
WORK	UPDATED_2019	DATA			DATA	01SEP19:09:09:32	01SEP19:09:09:32	3

图 1.21

在创建 COST_LIVING 数据集后，在会话中运行下列代码。

```
PROC SQL;
        Select * From Dictionary.Tables
        Where Libname eq "WORK"
And Memname eq "COST_LIVING";
        Select * From Dictionary.Columns
        Where Libname eq "WORK"
        And Memname eq "COST_LIVING";
QUIT;
```

这将得到如图 1.22 所示的输出结果，即 Work 库的快照。

其中，列信息提供了关于变量类型、长度、表中的列号、格式、索引等方面的详细信息。

表 1.4 展示了常用的字典表及其用途。对于字典表、视图及其应用的完整列表，读者可参考 SAS 安装文档。

Library Name	Member Name	Member Type	DBMS Member Type	Data Set Label	Data Set Type	Date Created	Date Modified	Number of Physical Observations
WORK	COST_LIVING	DATA			DATA	01SEP19:09:08:23	01SEP19:09:08:23	19

Library Name	Member Name	Member Type	Column Name	Column Type	Column Length	Column Position	Column Number in Table	Column Label	Column Format
WORK	COST_LIVING	DATA	City	char	12	80	1		
WORK	COST_LIVING	DATA	Index	num	8	0	2		
WORK	COST_LIVING	DATA	Prev_yr_index	num	8	8	3		
WORK	COST_LIVING	DATA	Housing	num	8	16	4		
WORK	COST_LIVING	DATA	Food	num	8	24	5		
WORK	COST_LIVING	DATA	Travel	num	8	32	6		
WORK	COST_LIVING	DATA	Utility	num	8	40	7		
WORK	COST_LIVING	DATA	Education	num	8	48	8		
WORK	COST_LIVING	DATA	Leisure	num	8	56	9		
WORK	COST_LIVING	DATA	Other	num	8	64	10		
WORK	COST_LIVING	DATA	Updated	num	8	72	11		DATE9.

图 1.22

表 1.4

字 典 表	用 途
COLUMNS	与列相关的信息
FORMATS	列出已定义的全部格式
INDEXES	通知是否已创建索引
LIBNAMES	列出所有的库名。如果对各种库尚不熟悉，这将是第 1 个调用端口
MACROS	列出已定义的宏
OPTIONS	列出了所有的 SAS 系统选项
TABLES	仅提供当前定义的表中的信息
TITLES	列出当前定义的标题和脚注
VIEWS	列出当前定义的数据视图

1.9 _ALL_ 和 _IN_ 的角色

ALL 功能可用于 SAS LOG 中的注释，或者调用数据步骤中指定的全部变量。接下来将展示第 1 种用法，即在理解 WHERE 和 IF 用法时调整所使用的数据集。

```
Data Updated_2019;
Set Cost_Living;
Where Year(Updated) = 2019;
If Index >= 80;
Put _All_;
Run;
```

这将生成下列输出结果。

```
City=Mumbai Index=83 Prev_yr_index=85 Housing=40 Food=10 Travel=15
Utility=15 Education=10 Leisure=9 Other=1 Updated=02JAN2019
_ERROR_=0 _N_=3
 City=New York Index=89 Prev_yr_index=85 Housing=40 Food=10
Travel=15 Utility=10 Education=20 Leisure=5 Other=5 Updated=02JAN2019
_ERROR_=0 _N_=5
 City=Tokyo Index=87 Prev_yr_index=85 Housing=40 Food=15 Travel=10
Utility=5 Education=15 Leisure=14 Other=1 Updated=02JAN2019
_ERROR_=0 _N_=10
NOTE: There were 11 observations read from the data set WORK.COST_LIVING.
      WHERE YEAR(Updated)=2019;
NOTE: The data set WORK.UPDATED_2019 has 3 observations and 11 variables.
```

可以看到，_All_这一特定的用法将列出数据集中的全部变量。

使用下列代码块列出 PROC PRINT 数据步骤中的变量名；此处仅通过_ALL_输出所有变量。

```
PROC PRINT DATA = Updated_2019;
VAR Updated;
RUN;

Title '_ALL_ in a Data Step';
PROC PRINT DATA = Updated_2019;
VAR _ALL_;
RUN;
```

这将生成如图 1.23 所示的输出结果。

我们已经知道，_N_在初始状态下设置为 1。每次 DATA 步骤循环经过 DATA 语句时，变量_N_将递增 1。_N_值表示 DATA 步骤循环的次数。下面将根据_N_选择观察数据。

```
Data Test;
Set Updated_2019;
If 1 < _N_ <10;
Run;
```

Obs	Updated
1	01JAN2019
2	01JAN2019
3	01JAN2019

ALL in a Data Step

Obs	City	Index	Prev_yr_index	Housing	Food	Travel	Utility	Education	Leisure	Other	Updated
1	Mumbai	83	85	40	10	15	15	10	9	1	01JAN2019
2	New York	89	85	40	10	15	10	20	5	5	01JAN2019
3	Tokyo	87	85	40	15	10	5	15	14	1	01JAN2019

图 1.23

这将生成如图 1.24 所示的输出结果。

Obs	City	Index	Prev_yr_index	Housing	Food	Travel	Utility	Education	Leisure	Other	Updated
1	New York	89	85	40	10	15	10	20	5	5	01JAN2019
2	Tokyo	87	85	40	15	10	5	15	14	1	01JAN2019

图 1.24

当使用_N_自动计数器时，可排除第 1 个观察数据，且仅输出剩余的观察数据。如果将其与该表之前的输出结果进行比较，可以看到城市 Mumbai 的观察数据未被输出。

当使用_N_时，应谨慎处理，下面通过_N_尝试创建一个变量进而展示相关问题。

```
Data Automatic;
Input A $ B;
Counter = _N_;
Datalines;
X 1
Y 2
Z 3
;
Run;

Data Automatic_Challenge;
Input A $ B;
Retain Counter 2;
_N_ = Counter+1;
Test_N = _N_;
Datalines;
```

```
X 1
Y 2
Z 3
;
Run;
```

这将生成如图 1.25 所示的输出结果。

_N_ automatic value

Obs	A	B	Counter
1	X	1	1
2	Y	2	2
3	Z	3	3

_N_ automatic value overwritten

Obs	A	B	Counter	Test_N
1	X	1	2	3
2	Y	2	2	3
3	Z	3	2	3

图 1.25

在第 1 个程序中可以看到，自动变量包含一个 1~3 的值，且对应于观察数据计数结果。在第 2 个程序中，我们使用了 RETAIN() 函数将值 2 赋予变量计数器。相应地，这里创建了一个名为_N_的派生变量。当我们赋值一个新变量并试图将其指向自动变量_N_时，将会得到派生变量的值。在当前示例中，我们令 SAS 感到"困惑"。也就是说，SAS 不知道我们引用了哪一个_N_（自动变量或派生变量）。因此，如果不小心使用了_N_，请不要认为仅仅由于_N_是一个自动变量，SAS 就会输出自动变量的值。

1.10 本章小结

本章介绍了 SAS 数据集的基础知识，以及如何创建、编译和执行数据集。此外，我们还介绍了 SAS 编程语言的基本语法，学习了如何压缩、加密和索引一个数据集。最后，本章讨论了 SAS 中的各种运算符，以及如何针对数据集进行格式化并构建子集。

第 2 章将学习如何操控、清理和转换数据。

第 2 章 数据操控和转换

本章将重点讨论 SAS 的各项功能，进而有效地操控和转换数据。另外，本章将在第 1 章函数的基础上实现相关任务。

其中，某些函数与 Microsoft Excel 中的函数类似，但其广度和范围将在 SAS 中得到进一步的扩展。

在 SAS 软件的每次更新中，函数的数量一直处于增长中。例如，版本 9.4 超过了 500 个函数。这些函数可分为以下几类。

- ❑ 字符串匹配和操控（包括连接、替换和截取）。
- ❑ 货币转换。
- ❑ 日期和时间。
- ❑ 描述性统计信息。
- ❑ 财务比率。
- ❑ 逻辑和控制。
- ❑ 数学和三角函数。
- ❑ 概率知识。
- ❑ 宏。
- ❑ SAS 文件 I/O、外部文件支持和例程、Web 工具等与系统相关的内容。

限于篇幅，本章不可能处理所有的函数，但介绍一些最有用的函数，并在后续章节中介绍更多的函数。

随着函数数量的增多，我们还需要介绍 LOOP 功能和 BY GROUP 处理等概念，并使用 FIRST 和 LAST 变量。

除此之外，本章还将执行一些数据分析师经常使用的变量操控任务，如下所示。

- ❑ 变量的长度。
- ❑ 大小写转换和对齐。
- ❑ 字符串识别。
- ❑ 处理空格。
- ❑ 缺失值和多重值。
- ❑ 区间计算。
- ❑ 连接操作。

❑ 数字转换。

2.1 变量的长度

在尝试操控字符之前,需要了解如何为字符变量分配长度。下面来看一个字符变量默认长度的例子。

```
DATA Cars;
INPUT Make $;
DATALINES;
Porsche_Cayenne
Audi
BMW
;
PROC CONTENTS;
RUN;
```

使用 PROC CONTENTS,我们将得到如图 2.1 所示的结果。

The CONTENTS Procedure

Data Set Name	WORK.CARS	Observations	3
Member Type	DATA	Variables	1
Engine	V9	Indexes	0
Created	09/01/2019 14:08:39	Observation Length	8
Last Modified	09/01/2019 14:08:39	Deleted Observations	0
Protection		Compressed	NO
Data Set Type		Sorted	NO
Label			
Data Representation	SOLARIS_X86_64, LINUX_X86_64, ALPHA_TRU64, LINUX_IA64		
Encoding	utf-8 Unicode (UTF-8)		

Alphabetic List of Variables and Attributes

#	Variable	Type	Len
1	Make	Char	8

图 2.1

虽然在第 1 个观察数据中包含了 15 个字符,但由于字符变量的默认长度为 8,因而第 1 个观察数据将被限制为 Porsche_(前 8 个字符)。在第 1 章中,我们曾在输入语句中通过$12.格式指定 City 变量的长度，而上述程序并未指定任何长度，但已通过$选项指定了一个字符格式。这里，应确保指定字符变量的长度，否则，在数据处理和分析过程中可能会出现无法预料的错误。

下列代码块采用多种方法指定字符变量的长度。

```
Data Cars;
Length Make $ 15. Default=4;
Input Make $ Year;
Datalines;
Porsche_Cayenne 2018
Audi 2016
BMW 2014
;
```

当前，我们指定了 Make 变量的所需长度。除此之外，还引入了数字变量 Year，并通过不同的参数（而不是第 1 章所使用的方法）指定其长度。使用 DEFAULT 选项时，我们仅可指定数字变量的长度。

当使用 PROC PRINT 和 CONTENTS 时，我们得到了如图 2.2 所示的输出结果（指定了 Datalines 之前的长度）。

Alphabetic List of Variables and Attributes			
#	Variable	Type	Len
1	Make	Char	15
2	Year	Num	4

Obs	Make	Year
1	Porsche_Cayenne	2018
2	Audi	2016
3	BMW	2014

图 2.2

读者不应该混淆 LENGTH 格式和 LENGTH()函数。截至目前，本章指定了长度格式，同时也存在一个可供 SAS 用户使用的 LENGTH()函数。当重新评估格式规范时，我们将再次探讨 LENGTH 和 LENGTHc()函数。

```
Data Cars;
Length[1] Make $ 5.;
Input Make $;
```

```
Datalines;
Audi
;
Data Length²;
Set Cars;
Length_Trimmed=Length³(Make);
Length_Non_Trimmed=Lengthc⁴(Make);
Run;
```

图 2.3 中的输出结果展示了 LENGTH 的不同应用。

Data Set Name	WORK.LENGTH	Observations	1
Member Type	DATA	Variables	3
Engine	V9	Indexes	0
Created	09/01/2019 14:18:31	Observation Length	24
Last Modified	09/01/2019 14:18:31	Deleted Observations	0
Protection		Compressed	NO
Data Set Type		Sorted	NO
Label			
Data Representation	SOLARIS_X86_64, LINUX_X86_64, ALPHA_TRU64, LINUX_IA64		
Encoding	utf-8 Unicode (UTF-8)		

Alphabetic List of Variables and Attributes			
#	Variable	Type	Len
3	Length_Non_Trimmed	Num	8
2	Length_Trimmed	Num	8
1	Make	Char	5

Obs	Make	Length_Trimmed	Length_Non_Trimmed
1	Audi	4	5

图 2.3

在上述代码中，我们在 4 种不同的场合使用了 LENGTH。

（1）使用 LENGTH 指定 Make 字符变量的格式。

（2）命名数据集。数据集可包含不同的名称，但此处将其命名为 Cars，以强调用户不应混淆该单词在 SAS 程序中的不同用法。

（3）使用 LENGTH()函数计算 Make 的字符数量。这里，字符计数不包含首、尾的空格。

（4）LENGTHc()函数保留首、尾空格，并针对新创建的 Length_Non_Trimmed 变量返回数值 5。

读者可能已经注意到，所生成的变量 Length_Trimmed 和 Length_Non_Trimmed 在 LENGTH 数据集中的默认长度都为 8。

2.2 大小写转换和对齐

本节将学习如何识别和更改大小写内容，此外还将学习对齐问题。

2.2.1 LowCase()、PropCase()和UpCase()函数

数据需要经格式化后方可予以显示，这也是单元格对齐和大小写转换的用武之地。下面首先介绍小写、大写和相应的大小写转换。

```
Data Case;
Set Cars;
Upper=UpCase(Make);
Proper=PropCase(Make);
Lower=LowCase(Upper);
Run;
```

大小写转换后的输出结果如图 2.4 所示。

Obs	Make	Year	Upper	Proper	Lower
1	Porsche_Cayenne	2018	PORSCHE_CAYENNE	Porsche_cayenne	porsche_cayenne
2	Audi	2016	AUDI	Audi	audi
3	BMW	2014	BMW	Bmw	bmw

图 2.4

此处使用了已有的数据集 Cars，同时还创建了 3 个新变量以展示大小写转换的应用。当采用下画线或其他特殊字符分隔两个单词时，SAS 将其视为一个单一的字符串。因此，第 1 个观察数据中并不包含 Cayenne 这一单词。

SAS 的灵活性允许我们向 PropCase()函数提供第 2 个参数以解决上述问题。对此，可向 Case 数据集添加下列代码行。

```
Proper_second_argument=PropCase(Make, "_");
```

图 2.5 展示了第 2 个单词的大小写转换结果。

第 2 个参数可忽略指定的特殊字符。

Obs	Make	Year	Upper	Proper	Lower	Proper_second_argument
1	Porsche_Cayenne	2018	PORSCHE_CAYENNE	Porsche_cayenne	porsche_cayenne	Porsche_Cayenne
2	Audi	2016	AUDI	Audi	audi	Audi
3	BMW	2014	BMW	Bmw	bmw	Bmw

图 2.5

截至目前，我们介绍了如何将文本转换为所需的格式。当需要查明现有数据是否使用了特定的格式时，情况又当如何？对此，可使用 AnyUpper()、AnyLower()和 NoTupper()函数，稍后将对此加以讨论。

2.2.2　AnyUpper()、AnyLower()和 NoTupper()函数

顾名思义，AnyUpper()、AnyLower()函数分别负责查找大写和小写字符，NoTupper()函数负责检查字符串中是否存在非大写字符。这 3 个函数均返回与条件匹配的首字符的位置。

对于上述 3 个函数，指定一个起始位置作为参数。这里，起始位置的规则如下（http://support.sas.com/documentation/onlinedoc/91pdf/sasdoc_913/base_lrdictionary_10307.pdf）。

❑　如果起始位置的值为正值，则继续向右搜索。
❑　如果起始位置的值为负值，则继续向左搜索。
❑　如果起始位置的值小于字符串的负长度，则从字符串的末尾开始搜索。

当出现以下情况时，函数返回值 0。

❑　未找到搜索的字符串。
❑　起始位置的值大于字符串的长度。
❑　起始值等于 0。

接下来在下列代码块中尝试测试 Cars 数据集上的函数。

```
Data Case_Test;
Set Cars;
Upper_Pos = AnyUpper(Make);
Lower_Pos = AnyLower(Make);
Tupper_Pos = NoTupper(Make);
Run;
```

图 2.6 所示的输出结果显示了各种情况下所识别的字符数量。

Upper_Pos 变量的值为 1，因为 AnyUpper()函数在 3 个观察数据中查找到第 1 个字母为大写字母。Lower_Pos 变量的第 1 个观察数据值为 2，因为第 2 个字母为小写字母。在

第 3 个观察数据中，该变量的值为 0，因为不存在小写字母。NoTupper()函数的工作方式类似于 AnyLower()函数，且对 Tupper_Pos 的前两个观察数据生成了与 Lower_Pos 相同的值。然而，对于第 3 个观察数据，Tupper_Pos 的值为 4。即使没有发现小写字母，也会输出 Make 变量中字符末尾的位置。

Obs	Make	Year	Upper_Pos	Lower_Pos	Tupper_Pos
1	Porsche_Cayenne	2018	1	2	2
2	Audi	2016	1	2	2
3	BMW	2014	1	0	4

图 2.6

2.2.3 Left()和 Right()函数

下面学习 Left()和 Right()函数，以实现数据的对齐。

```
Data Align;
Set Cars;
Char_right=Right(Make);
Num_left=Left(Year);
Run;
```

图 2.7 显示了对齐后的数据。

Obs	Make	Year	Char_right	Num_left
1	Porsche_Cayenne	2018	Porsche_Cayenne	2018
2	Audi	2016	Audi	2016
3	BMW	2014	BMW	2014

图 2.7

默认状态下，字符变量为左对齐，而数字变量为右对齐。这里，我们创建了两个新变量，并想让字符变量为右对齐，且数字变量为左对齐。注意，对齐函数在数据集、输出交付系统（output delivery system，ODS）和标题语句上的执行方式不同。

2.3 字符串识别

本节将学习 Scan()、Index()和 Find()函数，以帮助我们实现字符串识别功能。

2.3.1 Scan()函数

除非已经成功地识别了字符串的一部分内容，否则将无法执行字符串值的替换和修改操作。下列代码块涵盖了一些字符串识别函数。

```
Data Cities;
Input City $50.;
First=Scan(City, +1);
Last=Scan(City,-1);
Third=Scan(City,4);
Datalines;
Chicago Paris London Geneva Dublin
;
```

在给定相应的字符串后，图 2.8 所示的输出结果展示了识别后的单词。

Obs	City	First	Last	Fourth
1	Chicago Paris London Geneva Dublin	Chicago	Dublin	Geneva

图 2.8

字符串中的第 1 个和最后一个单词可通过正、负计数予以识别。其中，正计数从左至右查找字符串中的第 1 个单词实例；负计数则从右至左查找单词。当在字符串中查找第 4 个单词实例时，可简单地在参数中指定 4。这是一个简单的示例，字符串中除了空格外不包含其他分隔符。

为了进一步展示 Scan() 函数的优点，我们将使用 SAS 中的循环操作。本章将简要地介绍循环功能，循环和宏的详细内容将在第 5 章讨论。

循环是处理重复性任务的有效方法。除此之外，循环还可根据一个程序多次运行的规则执行迭代任务。下面将介绍一个 0 利率贷款示例。其中，贷款的总额度为 26000 美元，且第一笔贷款 2000 美元已经发放。

这里的问题是，如果每月支付 2000 美元，那么一年后的未偿还的贷款是多少。

```
Data Two_Year_Payment;
Initial = 26000;
Balance = Initial - 2000;
do i = 1 to 12;
Balance = Balance - 2000;
Output;
End;
Run;
```

图 2.9 显示了一年以后的未偿还的贷款数量。

Obs	Initial	Balance	i
1	26000	22000	1
2	26000	20000	2
3	26000	18000	3
4	26000	16000	4
5	26000	14000	5
6	26000	12000	6
7	26000	10000	7
8	26000	8000	8
9	26000	6000	9
10	26000	4000	10
11	26000	2000	11
12	26000	0	12

图 2.9

开始时，我们借入 26000 美元，并将此称作 Initial 变量。那么，每个月还款前的未偿余额为 26000-2000 美元。这里，循环由 do 参数进行初始化，并请求运行 1~12 次循环。Balance=Balance-2000 指定了希望每个循环实例执行的迭代。另外，由于需要查看所有循环迭代的结果，因而我们还指定了输出命令。如果缺少输出命令，那么仅可在最后一次迭代运行之后得到结果。

类似基于 do 参数的开始命令，每次循环均需要一条结束命令。从结果中可以看到，在 12 次还款后（每笔 2000 美元），我们将还清贷款。

注意：
我们将通过循环所涉及的一些概念展示其他 SAS 函数的应用，如 loop()、until()和 while()函数，此外还将介绍嵌套循环。

接下来在循环中使用 Scan()函数识别字符串中的单词，并将其划分为多个变量。这一过程可以在缺少循环的情况下完成，但下列方式更容易实现重复性任务。

```
Data Scan_in_loop;
Length thedebate $50;
thedebate = "Is Pluto a Planet, well yes, and no";
delim = ',';
modif = 'oq';
nwords = CountW(thedebate, delim, modif);
```

```
Do count = 1 to nwords;
words = scan(thedebate, count, delim, modif);
Output;
End;
Run;
Proc Print;
Run;
```

图 2.10 显示了最终的输出结果。

Obs	thedebate	delim	modif	nwords	count	words
1	Is Pluto a Planet, well yes, and no	,	oq	3	1	Is Pluto a Planet
2	Is Pluto a Planet, well yes, and no	,	oq	3	2	well yes
3	Is Pluto a Planet, well yes, and no	,	oq	3	3	and no

图 2.10

在上述代码中，可以看到分隔符和修饰符选项的功能十分强大。

注意：

分隔符可以是任意一种字符，用于分隔单词。我们可以在 charlist 和 modifier 参数中指定分隔符。

如果指定了 Q 修饰符，那么子字符串中采用引号括起来的分隔符将被忽略。当指定了 Q 修饰符且不包含 M 修饰符时，Scan() 函数将执行下列操作（http://support.sas.com/documentation/cdl/en/mcrolref/62978/PDF/default/mcrolref.pdf）。

- 忽略字符串开始和结束处的分隔符。
- 将两个或多个连续的分隔符视为单个分隔符。

如果字符串不包含除分隔符以外的任何其他字符，或者指定计数的绝对值大于字符串中的单词数量，那么 Scan() 函数将返回下列情形。

- 当从数据步骤中调用 Scan() 函数时将返回一个空格。
- 当从宏处理器中调用 Scan() 函数时将返回一个包含 0 长度值的字符串（http://support.sas.com/documentation/cdl/en/lrdict/64316/PDF/default/lrdict.pdf）。

在 Scan() 函数中，对应单词将引用包含下列特征的子字符串。

- 左侧以分隔符或字符串的开头为界。
- 右侧以分隔符或字符串的结尾为界。
- 不包含分隔符。

如果字符串的开始或结尾处都存在分隔符,或者字符串包含两个或多个连续的分隔符,那么单词的长度可以是 0。除非指定 M 修饰符,否则 Scan()函数将忽略长度值为 0 的单词。

除 Q 修饰符外,我们还可以使用 O 修饰符。O 修饰符一次性处理 charlist 和 modifier 参数,而非每次调用 Scan()函数。在数据步骤(不包括 WHERE 子句)或 SQL 过程中使用 O 修饰符可提升 Scan()函数的执行速度。其间,Scan()函数在循环中被调用,且 charlist 和 modifier 参数不会发生任何变化。在 SAS 代码中,O 修饰符可单独应用于 Scan()函数的每个实例上,且不会导致 Scan()函数的全部实例使用相同的分隔符和修饰符。

当在其他函数(如 COMPRESS()函数)中作为参数时,修饰符将变得十分重要。

表 2.1 列出了其他修饰符(不区分大小写),此外,读者还可以参考 SAS 官方文档(http://support.sas.com/documentation/cdl/en/lefunctionsref/63354/HTML/default/viewer.htm#p0jshdjy2z9zdzn1h7k90u99lyq6.htm)以了解更多内容。

表 2.1

修饰符	特征
A	向字符表中添加字母顺序的字符
B	从右至左(而不是从左至右)后向扫描,且不考虑计数参数的符号
C	向字符列表中添加控制字符
D	向字符列表中添加数字
F	向字符列表中添加下画线和英文字母(也就是说,基于 VALIDVARNAME=V7 的变量名中的第 1 个有效字符)
G	向字符列表中添加图形字符。图形字符是一种能够输出图像的字符
H	向字符列表中添加水平制表符
I	忽略字符的大小写
K	导致所有不在字符列表中的字符都被视为分隔符。也就是说,如果指定了 K,那么字符列表中的字符将保留在返回值中,而不是因为它们是分隔符而被省略。如果未指定 K,那么字符列表中的所有字符均被视为分隔符
L	向字符列表中添加小写字母
M	指定连续多个分隔符,且字符串参数开头或结尾的分隔符引用长度为 0 的单词。如果未指定 M 修饰符,那么多个连续的分隔符将被视为一个分隔符;字符串参数开始或结尾的分隔符将被忽略
N	把数字、下画线和英文字母(可通过 VALIDVARNAME=V7 并出现在 SAS 变量名中的字符)添加到字符列表中
P	向字符列表中添加标点符号
R	从 Scan()函数返回的单词中移除开始和结尾的空格
S	向字符列表中添加空字符(空格、水平制表符、垂直制表符、回车、换行符和换页符)

修饰符	特 征
T	剪裁字符串和字符列表参数中的尾空格
U	向字符列表中添加大写字母
W	向字符列表中添加可输出（可写）的字符
X	向字符列表中添加十六进制字符

如果修饰符参数是一个字符常量，则可将其置入引号中。同时，可在一组引号中指定多个修饰符。另外，修饰符参数也可以表示为字符变量或表达式。

在当前查询中，CountW()函数计算一个字符串中的单词数量。对应的循环将运行 3 次，这相当于字符串中的单词数量（根据以参数形式提供的分隔符和修饰符）。这里，分隔符（逗号）用于识别 thedebate 变量中的短语。每个逗号实例之前的单词均被视为一个单独的变量。最终，输出结果中包含 3 个变量。

2.3.2 Index()、Indexc()和 Indexw()函数

将另一组较为有用的字符串查找函数视为 Index()函数的变化版本，可通过下列示例了解其工作方式。

```
Data Index_Demo;
  String_x = 'Indexit(FINDIT)';
  String_y = 'findit';
  Not_Found = Index(String_x, String_y);
  Found=Index(String_x,upcase(String_y));
Run;
```

图 2.11 显示了最终的结果。

Obs	String_x	String_y	Not_Found	Found
1	Indexit(FINDIT)	findit	0	9

图 2.11

Index()函数以子字符串的形式搜索字符串第一次出现的位置。在当前示例中，我们尝试查找 String_x 变量中 FINDIT 字符串的开始位置，并将 String_x 变量用作 Index()函数的第 1 个参数。

第 2 个参数由 String_y 变量表示，并由试图在 String_x 中找到的字符串构成。在第 1 次尝试中，对应 Non_Found 变量得到的值为 0。但对于同一个字符串，在第 2 次尝试中，

所得到的 Found 变量值为 9。需要注意的是，两次尝试间唯一的差别在于 FINDIT 的大小写差异。由于第 1 个参数是大写的，因而我们使用了 upcase()函数查找字符串的第 1 个实例。

当尝试在某个变量中查找字符串时，可能同时需要使用多个函数获取正确的答案。

与 Index()函数相比，Indexc()提供了更大的灵活性。Indexc()从左至右搜索源，进而得到字符在当前摘录内容中第 1 次出现的位置，并返回该字符在源中的位置。如果在源中未找到摘录-1~摘录-n 中的对应字符，则 Indexc()函数返回 0 值。

```
Data Indexc;
String="It's confusing";
Answer_A=Indexc(String,'sortit','how?');
Answer_B=Indexc(String,'sortit',"i can't");
Answer_C=Indexc(String,'sortit','I can');
Run;
```

对应的输出结果如图 2.12 所示。

Obs	String	Answer_A	Answer_B	Answer_C
1	It's confusing	2	2	1

图 2.12

Index()函数包含两个参数，而 Indexc()函数则定义了 3 个参数。当创建 Answer_A 变量时，我们尝试查找 String 变量中的字符位置。其中，对应字符将与第 2 个或第 3 个参数匹配。在第 1 个函数应用实例中，我们得到的答案是 2，其原因在于，第 1 个参数中的字母 s、o、t、i 和第 2 个参数中的字母 o 均在 String 变量中被找到。在 s、o、t 和 i 中，完全匹配的第 1 个字母（不区分大小写）是 t。sortit 的第 1 个字母是否匹配第 1 个参数并不重要。Indexc()函数根据相应的首字符提供答案，同时从左到右进行扫描，以确保与第 2 个或第 3 个参数相匹配。

从前述示例可以看到，大小写在匹配字符中的作用是十分重要的。在第 2 个和第 3 个 Indexc()函数应用实例中，这一点得到了进一步的验证。在第 3 个实例中，字母 i 与第 1 个和第 3 个参数中的情形相匹配。由于这是第 1 个参数中的首字母，因而我们得到答案 1。

2.3.3 Find()函数

另一个可以帮助我们搜索字符串的函数是 Find()函数。该函数针对指定的子字符串首次出现的位置搜索字符串，并返回该子字符串的位置。如果未在字符串中找到子字符串，

Find()函数将返回 0 值。

如果未指定 startpos，Find()函数将在字符串开始处进行搜索，同时从左向右搜索字符串。如果指定了 startpos，则由 startpos 的绝对值定义搜索的起始位置。这里，startpos 的符号确定了搜索方向。注意，Find()函数和 Index()函数均搜索字符串中的子字符串，但 Index()函数不包含修饰符和 startpos 参数。下列代码展示了相关示例。

```
Data Find;
String = "We will explore the FIND function. Won't we?";
String_Length = Length(String);
Answer = Find(String, "we");
Run;
```

这将生成如图 2.13 所示的输出结果。

Obs	String	String_Length	Answer
1	We will explore the FIND function. Won't we?	44	42

图 2.13

Find()函数是区分大小写的，并忽略 we 的第 1 个实例。为了消除大小写差异，我们可利用之前讨论的修饰符，如下所示。

```
Data Non_Case;
String = "We will explore the FIND function. Won't we?";
String_Length = Length(String);
Answer = Find(String, "we", "i");
Run;
```

对应的输出结果如图 2.14 所示。

Obs	String	String_Length	Answer
1	We will explore the FIND function. Won't we?	44	1

图 2.14

这里，修饰符 i 可忽略大小写行为，因而最终答案为字符串的第 1 个位置。

下列代码使用了 Find()函数提供的 startpos 功能。

```
Data Startpos;
String = "We will explore the FIND function. Won't we?";
Startposvar = 2;
String_Length = Length(String);
```

```
Answer = Find(String, "we", "i", Startposvar);
Run;
```

这将生成如图 2.15 所示的输出结果。

Obs	String	Startposvar	String_Length	Answer
1	We will explore the FIND function. Won't we?	2	44	42

图 2.15

由于将起始位置指定为 2，因此，即使指定了不区分大小写的对应参数，也将忽略 we 的第 1 个实例。

下面来看包含负位置的另一个示例，如下所示。

```
Data Negativestart;
String = "We will explore the FIND function. Won't we?";
Startposvar = 3-44;
String_Length = Length(String);
Answer = Find(String, "we", "i", Startposvar);
Run;
```

这将生成如图 2.16 所示的输出结果。

Obs	String	Startposvar	String_Length	Answer
1	We will explore the FIND function. Won't we?	-41	44	1

图 2.16

这里，我们指定了一个负位置并开始搜索字符串。记住，如果起始位置大于 0，Find() 函数将在 startpos 位置处开始搜索，且搜索方向向右。如果 startpos 大于字符串的长度，则 Find() 函数返回 0 值。如果 startpos 小于 0，将在 startpos 位置处搜索，且搜索方向向左。如果 startpos 大于字符串长度，搜索将从字符串结尾处开始。如果 startpos 值等于 0，那么 Find() 函数将返回 0 值。

下面是一个基于首、尾空格的 Find() 函数应用示例。

```
Data Leadingandtrailing;
String = "We will explore the FIND function. Won't we?";
Startposvar = 1;
String_Length = Length(String);
Answer = Find(String, " explore ", "i", Startposvar);
Answer_1 = Find(String, "explore ", "t", Startposvar);
```

```
Answer_2 = Find(String, " explore ", "t", Startposvar);
Run;
```

这将生成如图 2.17 所示的输出结果。

Obs	String	Startposvar	String_Length	Answer	Answer_1	Answer_2
1	We will explore the FIND function. Won't we?	1	44	0	9	8

图 2.17

其中，Answer 变量生成 0 值，因为上述示例中采用的修饰符对于数据处理来说是错误的。我们需要使用修饰符 t 以处理首、尾空格。answer_2 借助修饰符展示了开始位置如何变为 8（而非 answer_1 的 9），这表明一个事实，即空格已在 Find()函数中予以考虑。

注意：

我们无法在一个参数中指定全部修饰符。例如，Find()函数最多接收 4 个修饰符。在理想的数据处理过程中，无须指定不必要的修饰符，因为这可导致不可预见的结果。当处理大量数据时，这种情况较为常见。

2.4 处 理 空 格

字符串中的空格往往会导致问题的出现，这些空格可能由系统生成，或者是源数据中的一部分内容。对此，下列函数可帮助我们处理此类问题。

Compress()、Strip()和 Trim()函数可帮助我们处理字符串中的空格。根据下列示例，我们可以尝试解释 Compress()、Strip()和 Trim()函数之间的差别。

```
Data Compare;
Lengfh String $20.;
Format String $20.;
String = " 3 fn comparison ";
Compress="#"||Compress(String)||"#";
Trim="#"||Trim(String)||"#";
Strip="#"||Strip(String)||"#";
Run;
```

这将生成如图 2.18 所示的输出结果。

Obs	String	Compress	Trim	Strip
1	3 fn comparison	#3fncomparison#	# 3 fn comparison#	#3 fn comparison#

图 2.18

这里，我们使用了||参数以强调上述 3 个函数如何处理空格问题。

Compress()函数从字符串中移除了全部空格（不仅仅是首尾空格），Trim()函数仅移除尾部空格，而 Strip()函数则移除首、尾空格。

2.5 缺失值和多重值

在数据库中存在一些实例，其中，相同的变量值存储于多个表或系统值中。例如，针对客户捕捉得相同的雇员细节字段可能会缺失，或者在收集到的不同的联系点之间包含不同的值。对应值可能是准确的，并在信用申请中更新，但在社交媒体配置文件中可能不会更新。下列函数可帮助我们处理缺失值和多重值问题。

如果目标是从选项中选取第 1 个非缺失值，那么可针对数字使用 Coalesce()函数，而对字符值使用 Coalescec()函数。

上述两个函数均接收多个参数，按照指定顺序检查每个参数中的对应值，并输出第 1 个非缺失值。如果仅出现一个值，那么函数将返回该值。如果参数均未包含对应值，那么函数将返回一个缺失值（不是 0 值）。下列示例展示了这两个函数的工作方式。

```
Data Select;
A = Coalesce(1,2,3,4,5,6,7,8,9,10,1);
B = Coalesce(1,2,.,.,.,5,6,7,8,9,10,1);
C = Coalesce(1.,2,.,.,.,5,6,7,8,9,10,1);
D = Coalesce(.,.,.,.,.,.,.,.,.,.,.,.);
E = Coalescec(0,2,.,.,.,5,6,7,8,9,10,1.);
F = Coalescec(0,2,.,.,.,5,6,7,8,9,10,'1#', 'Choose me');
G = Coalescec('Choose me', 'No!');
Run;
```

这将返回如图 2.19 所示的输出结果。

Obs	A	B	C	D	E	F	G
1	1	1	1	.	0	0	Choose me

图 2.19

对于变量 A、B、C，由于 Coalesce()函数中的第 1 个变量为非缺失值且值为 1，因而我们得到的答案为 1。Coalesce()函数中的其余参数值并不重要，该函数将输出第 1 个非缺失值参数。对于变量 D，该变量未包含任何值，因而输出结果为缺失值。

变量 E 看上去像一个数字，但该变量作为 Char 被创建，因为 SAS 根据最后一个参数自动分配了这一属性。因此，Coalescec()函数并未生成错误并输出 0 值。类似地，对于变量 F 和 G，可将第 1 个字符参数作为输出结果。

2.6 区间计算

包含日期的变量常用于查找事件的时间。对此，可采用区间计算。本节将探讨 INTNX() 和 INTCK()函数。

针对日期值计算、日期-时间值和时间区间，较为常用的函数是 INTNX()和 INTCK()函数，这些函数可帮助我们实现区间计算。在常用的编码术语中，可将 INTNX()称作区间检查，并将 INTCK()称作区间下一个函数。这意味着，INTNX()检查区间，而 INTCK() 在计算日期/日期-时间值时十分有用（根据不同的日期/日期-时间值）。

除了这一差别，两个函数的语法还存在些许不同。INTNX()函数包含 4 个参数，而 INTCK()函数包含 3 个参数。其中，前两个参数在这两个函数中保持一致。

（1）interval：字符常量或变量，其中包含区间名称。

（2）from：SAS 数据/日期-时间值。

INTNX()函数的其他参数如下。

（1）n：自包含 from 值的区间起递增的区间数量。

（2）alignment：控制日期的对齐，允许的值为 BEGINNING、MIDDLE、END 和 SAMEDAY。

INTCK()函数的其余参数为 to，表示日期/日期-时间的结束值。

INTNX()和 INTCK()函数的具体形式如下。

```
INTNX (interval, form, n <alignment>);
INTCK (interval, form, to);
```

下面查看 INTNX()函数的一些示例。

```
Data Emissions;
Input Year Month $3. Coal Gas Petrol Diesel Nuclear;
Datalines;
2018 Jan 110 112 113 114 112
2018 Feb 110 113 114 116 112
2018 Mar 112 114 114 116 110
2018 Apr 114 115 113 115 111
```

```
2018 May 116 114 112 114 110
;
Data Add_Month;
Set Emissions;
Format Date_next Date9.;
Date_next = INTNX ('Month', '1Jan2018'd, _n_);
Format Date_current Date9.;
Date_current = INTNX ('Month', '1Jan2018'd, _n_ - 1);
Format Date_plus_one Date9.;
Date_plus_one = INTNX ('Month', '1Jan2018'd, _n_ + 1);
Run;
```

这将生成如图 2.20 所示的输出结果。

Obs	Year	Month	Coal	Gas	Petrol	Diesel	Nuclear	Date_next	Date_current	Date_plus_one
1	2018	Jan	110	112	113	114	112	01FEB2018	01JAN2018	01MAR2018
2	2018	Feb	110	113	114	116	112	01MAR2018	01FEB2018	01APR2018
3	2018	Mar	112	114	114	116	110	01APR2018	01MAR2018	01MAY2018
4	2018	Apr	114	115	113	115	111	01MAY2018	01APR2018	01JUN2018
5	2018	May	116	114	112	114	110	01JUN2018	01MAY2018	01JUL2018

图 2.20

当前示例中，假设在每个月的 1 号生成关于排放指数值变化的报告日期。我们曾尝试引入一个包含日期的变量，并生成 3 个不同的变量以展示到 n 的增量数可以是 0、正数或负数。

下列示例进一步展示了 INTNX() 函数的工作方式。

```
Data Interval_Days;
Set Add_Month (Drop = Date_next Date_plus_one);
Interval_Days
= INTNX('Month', Date_Current, 1) - INTNX('Month', Date_Current, 0);
Interval_Days1
= INTNX('Month', Date_Current, 2) - INTNX('Month', Date_Current, 0);
Interval_Days2
= INTNX('Month', Date_Current, -1) - INTNX('Month', Date_Current, 0);
Interval_Days3
= INTNX('Month', Date_Current, 3) - INTNX('Month', Date_Current, 0);
Run;
```

这将生成如图 2.21 所示的输出结果。

Obs	Year	Month	Coal	Gas	Petrol	Diesel	Nuclear	Date_current	Interval_Days	Interval_Days1	Interval_Days2	Interval_Days3
1	2018	Jan	110	112	113	114	112	01JAN2018	31	59	-31	90
2	2018	Feb	110	113	114	116	112	01FEB2018	28	59	-31	89
3	2018	Mar	112	114	114	116	110	01MAR2018	31	61	-28	92
4	2018	Apr	114	115	113	115	111	01APR2018	30	61	-31	91
5	2018	May	116	114	112	114	110	01MAY2018	31	61	-30	92

图 2.21

当计算 Interval_days 变量时，第 1 个分量（INTNX('Month',Date_Current, 1)）解析为 01Feb2018，第 2 个分量（INTNX('Month',Date_Current, 0)）解析为 01Jan2018，用于 Date_Current 变量上的第 1 个观察数据。因此，我们得到的答案是 31 天。对于第 1 个分量，我们还计算了自 01Jan2018 起的一段时间，这一时间段被指定为 Month。在将分量指定为 INTNX('Month', Date_Current, -1)时，我们要求函数在 Date_Current 变量值之前输出一段时间值。再次强调，这一段时间值指定为月份。

除此之外，还可使用 INTNX()函数计算区间的上限值，如下列代码段所示。

```
Data Cieling_Years;
Set Add_Month (Drop = Date_next Date_plus_one);
Format OldYear Year4.;
Format NewYear Year4.;
OldYear = INTNX('Year', Date_Current + 1, -1);
CurrentYear = Year(Date_Current);
NewYear = INTNX('Year', Date_Current, 1);
Run;
```

这将生成如图 2.22 所示的输出结果。

Obs	Year	Month	Coal	Gas	Petrol	Diesel	Nuclear	Date_current	OldYear	NewYear	CurrentYear
1	2018	Jan	110	112	113	114	112	01JAN2018	2017	2019	2018
2	2018	Feb	110	113	114	116	112	01FEB2018	2017	2019	2018
3	2018	Mar	112	114	114	116	110	01MAR2018	2017	2019	2018
4	2018	Apr	114	115	113	115	111	01APR2018	2017	2019	2018
5	2018	May	116	114	112	114	110	01MAY2018	2017	2019	2018

图 2.22

至此，我们已经创建了保存前一个年份值、当前年份值和下一个年份值的变量。

截至目前，我们尚未探讨 INTNX()函数中的 Alignment 参数。下列示例代码展示了该参数的应用。

第 2 章 数据操控和转换

```
Data Alignment;
Format Beginning Date9.;
Beginning = INTNX('Month', '31Jan2019'd, 7, 'Beginning');
Format Middle Date9.;
Middle = INTNX('Month', '31Jan2019'd, 7, 'Middle');
Format End_ Date9.;
End_ = INTNX('Month', '14Jan2019'd, 7, 'End');
Format SameDay Date9.;
Sameday = INTNX('Month', '31Jan2019'd, 7, 'Sameday');
Run;
```

这将生成如图 2.23 所示的输出结果。

Obs	Beginning	Middle	End_	SameDay
1	01AUG2019	16AUG2019	31AUG2019	31AUG2019

图 2.23

Alignment 参数还可以通过每个参数的第 1 个字母指定，进而方便地计算每个月份的开始和结束日期。但 Middle 和 Sameday 却是更强大的选项，它们节省了大量的编码步骤。

借助 SAS 语句及其期望结果，表 2.2 可以帮助我们更好地理解 INTCK() 函数。

表 2.2

SAS 语句	结　　果
INTCK ('Year', '01Jan2011'd, '01Aug2019'd);	8
INTCK ('Days365', '01Jan2011'd, '01Aug2019'd);	8
INTCK ('Year', '31Dec2018'd, '01Jan2019'd);	1
INTCK ('Days365', '31Dec2018'd, '01Jan2019'd);	0
INTCK ('Month', '01Jan2011'd, '01Aug2019'd);	103
INTCK ('Days', '01Jan2011'd, '01Aug2019'd);	3134
INTCK ('SemiYear', '01Jan2011'd, '01Aug2019'd);	17
INTCK ('Qtr', '01Jan2011'd, '01Aug2019'd);	34
INTCK ('Hour', '14:00:56't, '23:45:54't);	9
INTCK ('Minute', '14:00:56't, '23:45:54't);	585
INTCK ('Second', '14:00:56't, '23:45:54't);	35098

INTCK() 函数还包含一个被称为 method 可选参数，进而指定连续或离散方法对区间进行计数。这里，离散方法是函数使用的默认方法。相应地，可将连续选项指定为 C 或 CONT；将离散选项指定为 D 或 DISC。下列示例代码将在此基础上对 INTCK() 函数进行

学习。

```
Data Method;
Input Type $ Production Jul :Date9. Aug :Date9.;
Format Jul :Date9. Aug :Date9.;
Datalines;
W/e 131 07Jul2019 06Oct2019
W/e 234 14Jul2019 13Oct2019
W/e 232 21Jul2019 20Oct2019
W/e 212 28Jul2019 27Oct2019
M/e 203 31Jul2019 31Oct2019
;
Data Comparison;
Set Method;
Month_D = INTCK ('Month', Jul, Aug);
Month_C = INTCK ('Month', Jul, Aug, 'C');
Run;
```

这将生成如图 2.24 所示的输出结果。

Obs	Type	Production	Jul	Aug	Month_D	Month_C
1	W/e	131	07JUL2019	06OCT2019	3	2
2	W/e	234	14JUL2019	13OCT2019	3	2
3	W/e	232	21JUL2019	20OCT2019	3	2
4	W/e	212	28JUL2019	27OCT2019	3	2
5	M/e	203	31JUL2019	31OCT2019	3	3

图 2.24

除了最后一个观察数据，离散和连续方法也为我们提供了不同的答案。其中，离散方法根据历月计算月份，而连续方法则采用实际日期。这里，两种方法生成相同结果的唯一观察数据是最后一个观察数据。

SAS 中还存在其他一些可以与 INTNX() 和 INTCK() 函数结合使用的区间。另外，读者也可以设计自定义区间。

注意：

读者可参考 SAS Studio Help 以了解更多信息。

下列代码块显示了 WEEK 区间的 3 种不同版本，并以此说明不同的区间选项可生成相应的自定义结果。

第 2 章 数据操控和转换

```
Data _Null_;
Format Week Date9. Week_Sun Date9. Week_Mon Date9.;
Week = INTNX ('Week', '01Jan2019'd+1, 3);
Week_Sun = INTNX ('Week2', '01Jan2019'd+1, 3);
Week_Mon = INTNX ('Week.2', '01Jan2019'd+1, 3);
PUT 'Week= ' Week;
PUT 'Week_Sun = ' Week_Sun;
PUT 'Week_Mon = ' Week_Mon;
Run;
```

这将在 LOG 中写入下列消息。

```
Week= 20JAN2019
Week_Sun = 03FEB2019
Week_Mon = 21JAN2019
NOTE: DATA statement used (Total process time):
      real time             0.00 seconds
      cpu time              0.00 seconds
```

上述变量定义有助于我们理解区间选项对输出结果的影响。

WEEK 区间帮助我们计算自 1 月 2 日起第 3 个星期的开始日期。WEEK2 区间则以两周为单位计算区间，因此生成的最终结果为 2019 年 2 月 3 日。WEEK.2 区间则生成与 WEEK 区间类似的输出结果（除了在星期一的开始处计算星期区间之外）。

不难发现，对区间稍做修改即可生成不同的结果。

2.7 连 接

当处理字符串时，可能需要通过连接函数的某种形式将多个变量连接在一起。

2.7.1 CAT()函数

前述内容已经介绍了 COALESCE()及其相关函数，进而可在多个值中进行选择。然而，当需要将多个观察数据连接至一起时，还存在其他应用实例。之前在展示 Compress()、Strip()和 Trim()函数之间的差异时，使用了连接操作符（||）。除此之外，CAT()函数也是一个 SAS 内建函数，可以连接观察数据。下面将该函数与代码块中的连接操作符应用进行比较。

```
73      Data _Null_;
74      A = "This ";
```

```
75        B = " is";
76        C = " a test ";
77        D = " of CAT function";
78        Out_Symbol = A||B||C||D;
79        Out_CAT = CAT (A, B, C, D);
80        Put Out_Symbol;
81        Put Out_CAT;
82        Run;
```

这将在 LOG 中生成下列消息。

```
This      is a test    of CAT function
This      is a test    of CAT function
NOTE:     DATA statement used (Total process time):
          real time          0.00 seconds
          cpu time           0.00 seconds
```

这里，我们采用的选项并未处理连接的变量中的首、尾空格。如果使用 COMPRESS() 函数，将会得到不同的答案。接下来介绍一些可用 CAT() 函数的变体。

2.7.2　CATS()、CATT()和CATX()函数

下面介绍 CAT() 函数的变化版本。

```
Data Joins;
A = "This ";
B = " is";
C = " a test ";
D = " of CAT";
Out_Symbol = Compress (A||B||C||D);
Out_CAT = Compress (CAT (A, B, C, D));
Out_CATS = CATS (A, B, C, D);
Out_CATT = CATT (A, B, C, D);

SP = '$';
Out_CATX = CATX (SP, A, B, C, D);
Run;
Proc Print Noobs;
Var Out_Symbol Out_CAT Out_CATS Out_CATT Out_CATX;
Run;
```

这将生成如图 2.25 所示的输出结果。

Out_Symbol	Out_CAT	Out_CATS	Out_CATT	Out_CATX
ThisisatestofCAT	ThisisatestofCAT	Thisisa testof CAT	This is a test of CAT	Thisisa test$of CAT

图 2.25

如果当前目标是移除字符串中的首、尾空格并输出一个句子，那么 CATT() 函数可为我们执行这一项任务。但是，根据不同的业务问题，我们也可利用 CAT() 函数的不同版本。相应地，CATX() 函数甚至允许我们在字符串中嵌入一个分隔符。

CATX() 函数移除首、尾空格并包含了分隔符插入选项以连接字符串；而 CAT() 函数则不会移除首、尾空格，但是可以连接字符串。CATT() 函数不会移除首空格，但会移除尾空格并连接字符串。CATS() 函数将移除首、尾空格并返回连接后的字符串。该函数不支持分隔符的插入操作，如 CATX。

虽然上述示例展示的函数生成了不同的结果，但当与 Trim()、Left() 以及连接操作符 || 结合使用时，所有这些函数均可生成类似的函数。使用 CAT() 函数族的原因在于，这些函数的速度优于 Trim() 和 Left() 函数。除此之外，还可通过 OF 语法组合这些函数，进而采用稍显不同的方式编写 SAS 语句，而最终结果保持一致。

CAT(OF A1-D1)=A1||A2||A3||A4

这里，A1、A2、A3 和 A4 表示 4 个不同的变量。

截至目前，我们学习了非缺失值的变量连接操作。下面来看缺失值的示例。

```
Data Emissions_City;
Input UK $ US $ China $;
Datalines;
. Coal .
Gas Nuclear Petrol
Coal Gas .
. . Petrol
;
Data String_Missing;
Set Emissions_City;
SP = '"';
Delimiter = CATX (SP, UK, US, China);
Delimiter_Space = CATX ("", UK, US, China);
No_Delimiter = CATT (UK, US, China);
Run;
```

这将生成如图 2.26 所示的输出结果。

Obs	UK	US	China	SP	Delimiter	Delimiter_Space	No_Delimiter
1		Coal		"	Coal	Coal	Coal
2	Gas	Nuclear	Petrol	"	Gas"Nuclear"Petrol	Gas Nuclear Petrol	GasNuclearPetrol
3	Coal	Gas		"	Coal"Gas	Coal Gas	CoalGas
4			Petrol	"	Petrol	Petrol	Petrol

图 2.26

与之前的示例不同，CATT()并不执行任何操作。由于缺失观察数据，因而生成的输出结果并不正确。在当前示例中，CATX()函数则生成了正确的结果。当处理字符串时，函数的选择应取决于正确的答案预测。Delimiter 变量可能包含了变量中正确的数据存储方式。

2.7.3 Lag()函数

如果打算计算两个事件之间的时间段，那么可使用 Lag()函数。该函数可返回队列中的值，其语法包含两个元素。

（1）第 1 个参数指定数字、字符常量、变量或表达式。
（2）可选参数指定延迟值的数量，默认值为 1。
下面为变量的延迟示例。

```
Data Lag;
Set Decimal (Keep = Round);
Lag1 = Lag1 (Round);
Lag2 = Lag2 (Round);
Run;
```

这将生成如图 2.27 所示的输出结果。

Obs	Round	Lag1	Lag2
1	67	.	.
2	53	67	.
3	45	53	67
4	61	45	53
5	80	61	45
6	69	80	61
7	69	69	80

图 2.27

通过指定单一延迟，我们从第 2 个观察数据开始计算 LAG1 变量值。这里，第 1 个观察数据已被设置为缺失值；在 LAG2 中，我们指定了两个延迟值。这也是延迟机制最为简单的形式。如果在同一个数据集中包含两个不同类的分数，那么我们将如何创建延迟？对此，可使用 GROUP 处理机制。

在进一步讨论延迟之前，首先介绍一下 FIRST.和 LAST.变量的优点，它们可以通过 BY GROUP 处理机制自动创建。在使用 BY GROUP 之前，应确保数据集已通过 BY GROUP 中引用的变量进行了排序。

FIRST.和 LAST.的概念可通过运行下列代码予以进一步解释。

```
Data Lag_ByGroup;
Set Class_Scores;
By Class;
Lag1 = Lag1 (Score);
IF FIRST.Class THEN DO;
Lag1 = .;
END;
ELSE DO;
Lag1 = Lag1;
END;
RUN;
```

这将生成如图 2.28 所示的输出结果。

Obs	Class	Score	Lag1
1	A	21	.
2	A	23	21
3	A	25	23
4	A	27	25
5	B	15	.
6	B	20	15
7	B	25	20
8	B	30	25

图 2.28

针对 CLASS 变量的每一个实例，我们通过一个观察数据延迟 SCORE 变量。而且，我们使用了 IF-THEN 条件将每个观察数据的第 1 项设置为缺失值。通过找到 LAG1 和 SCORE 之间的差异，可进一步从后续观察数据中查看对应观察数据中的不同之处。

另外，利用不同的 SAS 函数，可通过不同的方式创建上述数据集。

2.8 逻辑和控制

本节将介绍 3 个不同的函数集，以帮助我们处理逻辑和控制问题。

2.8.1 IFC()和 IFN()函数

除此之外，还存在一些特定的函数，它们根据一个条件返回一个值，该条件反映了前述 LAG 示例中使用的 IF()和 THEN()函数。IFC()和 IFN()函数十分有用，且有助于交付所需结果时使编码更加紧凑，进而可减少处理时间和调试过程。这里，我们需要重新访问 COALESCE()函数以展示 IFN()和 IFC()函数。二者之间唯一的差别在于，IFN()函数接收数字参数并解析为一个数字；而 IFC()函数将第 1 个参数视为数字，同时期望其余参数为字符格式并解析为一个字符。

下面通过 IFC()和 IFN()函数查看输出结果中的差异。

```
Data Logical;
Input A $ B $ C $ X Y Z;
Char = COALESCEC (A, B, C);
Num = COALESCE (X, Y, Z);
IFC = IFC (A=Char, "A", "B or C");
IFN = IFN (X=Num, "X", IFN(Y=Num, "Y", "Z"));
IFN_alt = IFN (X=Num, 9, IFN(Y=Num, 99, 999));
Datalines;
FromA FromB FromC . 2 3
;
```

这将生成如图 2.29 所示的输出结果。

Obs	A	B	C	X	Y	Z	Char	Num	IFC	IFN	IFN_alt
1	FromA	FromB	FromC	.	2	3	FromA	2	A	.	99

图 2.29

当使用 COALESCE 时，我们会尝试查找与输出结果匹配的变量。当前的 IFC 条件指出，如果输出结果等于变量 A 的观察结果，则输出 A，否则输出 B 或 C。对于 IFN 变量，我们给出了两个 IF THEN 条件。如果 NUM 的输出结果不等于 X，则检查 Y 的输出结果是否等于 NUM。IFC 或 IFN 条件一次最多可以接收 4 个参数，但是可以在同一条语句中放入多个 IFC 或 IFN 条件。

> **注意**：

IFN 和 IFN_alt 变量之间唯一的差别在于，作为输出结果提供的参数分别是字符（针对 IFN）和数字（针对 IFN_alt）。如前所述，IFN()函数的全部参数应为数字。因此，作为输出结果，IFN 包含缺失值，而 IFN_alt 则生成所需的输出结果。

下面将尝试使用更长的处理过程获得类似的结果，并在下列代码块中展示 IFC()和 IFN()函数的优点。

```
Data Similar (Drop=A B C X Y Z);
Set Logical;
IF Char = "FromA" THEN LongWayC = "A";
ELSE LongWayC = "B or C";
IF Num = . THEN LongWayN = .;
ELSE IF Num = 2 THEN LongWayN = 99;
ELSE LongWayN = 999;
Run;
```

这将生成如图 2.30 所示的输出结果。

Char	Num	IFC	IFN	IFN_alt	LongWayC	LongWayN
FromA	2	A	.	99	A	99

图 2.30

与 IFN 和 IFC 相比，使用更多的语句也将产生类似的结果。

2.8.2 WhichC()或 WhichN()函数

如前所述，INDEX()函数以子字符串形式搜索字符串第 1 次出现的位置。WhichC()和 WhichN()函数则在参数列表间进行搜索，并返回与给定参考值匹配的第 1 个参数的索引。这里，参考值仅可作为第 1 个参数指定，且所指定的附加参数的数量并无限制。

当 WhichC 仅处理字符值且 WhichN 仅处理数字值时，二者均输出一个数字值。如果第 1 个参数匹配，则返回值 1；如果第 2 个参数匹配，则返回值 2，等等。

下面通过一个示例以理解这种差异。

```
Data _NULL_;
Char = WhichC ("FromA", "FromB", "FromC", "FromA");
Char = WhichC ("FromA", "FromB", "FromC", "FromA");
```

```
Num = WhichN (100/25, 34, 4, 40, 10);
Zero = WhichC ("FromA", "FromB", "FromC", "From A");
Put Char= / Num= / Zero=;
Run;
```

这将生成下列消息并写入 LOG。

```
Char=3
Num=2
Zero=0
NOTE: DATA statement used (Total process time):
      real time              0.00 seconds
      cpu time               0.01 seconds
```

对于 Char 变量，第 1 个参数匹配第 4 个参数。当搜索始于第 2 个参数时，对应的返回值为 3。由于第 1 个参数是引用值，因此对返回值的计数只能从第 2 个参数开始。Num 变量返回一个值 2，因为 100/25 解析为 4，并匹配第 3 个参数。对于 Zero，则不存在与引用值匹配的参数，因为第 4 个参数看起来类似，但在引用值方面略有不同。

截至目前，我们学习了 Put 语句的使用方式，并于其中编写了多条语句以确保所需值写入 LOG。然而，在上述示例中可以看到，只需一条语句即可将多个变量值写入 LOG。

2.8.3 Choosen()和 Choosec()函数

Choosen()和 Choosec()函数可帮助我们从多个观察数据中选取单一值。当使用宏时，Choosen()（针对数字变量）和 Choosec()（针对字符变量）函数将十分方便。

其中，第 1 个参数为索引值，且对所提供的参数并无限制。例如，在表 2.3 的示例中，我们最多使用了 6 个参数。

表 2.3

SAS 语句	结　果	SAS 语句	结　果
Choosen (5, 1, 4, 5, 6, 8);	8	Choosec (3, "A", "B", "C");	C
Choosec (-1, "A", "B", "C");	C		

与 WhichC()或 WhichN()函数不同，Choosen()和 Choosec()函数的生成结果并非总是数字。具体来说，Choosen()函数对应的结果为一个数字；而 Choosec()函数对应的结果为一个字符类型。然而，Choosen()和 Choosec()函数的索引值总是为数字。在使用 Choosen()函数的第 1 个示例中，情况则并非如此。由于索引值为 5，因此对应结果为 8。这里，索引值为 5 意味着第 5 个参数为输出结果。如果索引值为负，那么所需参数的搜索将始于

右侧并向左移动,因而将返回 C 值。在最后一个示例中,我们需要第 3 个值,因而再次输出 C 值,即使参数扫描自左至右进行。

2.9 数字操控

一般情况下,不同的数据库采用不同的方式存储数据。当处理报表时,需要对数字的格式进行调整。

虽然本章主要关注基于字符串的函数,但一些处理形式仍会涉及数字变量。上、下取整和舍入函数可视为最基本的函数,但只有正确地使用这些函数才能避免常见的错误。

下列代码使用了 4 个相关函数。

```
Data Decimal;
Input Score;
Ceil = Ceil (Score);
Floor = Floor (Score);
Int = Int (Score);
Round = Round (Score);
Datalines
67.454
53.34
45.23
60.80
80.4
68.5
68.9
;
```

这将生成如图 2.31 所示的输出结果。

Obs	Score	Ceil	Floor	Int	Round
1	67.454	68	67	67	67
2	53.340	54	53	53	53
3	45.230	46	45	45	45
4	60.800	61	60	60	61
5	80.400	81	80	80	80
6	68.500	69	68	68	69
7	68.900	69	68	68	69

图 2.31

上、下取整操作较为直观。其中，Ceil()函数解析为与给定数字相比的下一个最大整数；而 Floor()函数则以相反方式工作，并将给定数字转换为下一个最小整数。如果参数值在整数的 1E-12 范围内，则 Int()函数返回参数的整数部分。对于正值，Int()函数与 Floor()函数的计算结果相同。另一方面，Round()函数会将参数舍入至最近的整数。

对于观察数据 4、6、7，Int()和 Round()函数将生成不同的结果。对于 Int()函数，对应数字更接近下一个整数或上一个整数并不重要。在前面提及的条件下，Int()函数总是返回整数值。然而，对于 Round()函数，对应数字是否更接近前一个整数、下一个整数或在两个整数的中间则显得十分重要。

下面示例为负数的情形并查看输出结果。

```
Data Negative (Drop = Score);
Set Decimal;
ScoreNeg = Score*-1;
Ceil = Ceil (ScoreNeg);
Floor = Floor (ScoreNeg);
Int = Int (ScoreNeg);
Round = Round (ScoreNeg);
Run;
```

这将生成如图 2.32 所示的输出结果。

Obs	Ceil	Floor	Int	Round	ScoreNeg
1	-67	-68	-67	-67	-67.454
2	-53	-54	-53	-53	-53.340
3	-45	-46	-45	-45	-45.230
4	-60	-61	-60	-61	-60.800
5	-80	-81	-80	-80	-80.400
6	-68	-69	-68	-69	-68.500
7	-68	-69	-68	-69	-68.900

图 2.32

注意最后两个观察数据上的舍入效果。对应结果是一个较小的数字。Round()函数将 68.5 和-68.5 分别解析为 69 和-69。其中，符号对计算并未产生任何影响。读者可能对此稍感惊讶并预测-68.5 的结果为-68（即舍入操作按照增加的方向移动）。

除了上述误解，关于 Round()函数的另一个误解是输出结果总是一个整数。Round()函数支持多个参数，从而可以帮助我们舍入到一个特定的值。

下面通过创建一些新变量来进一步理解 Round()函数。

```
Data Fource_Round;
Thousand = Round (1564.46, 1000);
Hundreds = Round (1564.46, 100);
Tens = Round (1564.46, 10);
Unit = Round (1564.46, 1);
Tenth = Round (1564.46, .1);
Hundredth = Round (1564.46, .01);
Run;
```

这将生成如图 2.33 所示的输出结果。

Obs	Thousand	Hundreds	Tens	Unit	Tenth	Hundredth
1	2000	1600	1560	1564	1564.5	1564.46

图 2.33

在当前示例中，Round()函数可查找最近的千位、百位、十位、个位、十分位和百分位数字。当我们面对大量的数字并希望了解它们与基准数字之间的距离时，舍入至一个特定的数字可能会很有帮助。

2.10 本章小结

本章介绍了一些数据方面的问题，以及如何通过 SAS 函数对其进行求解，如 LOOPS 和 BY GROUP。另外，本章还引入了一些新话题，如 LOOPS 和 GROUP，并支持不同的函数操作。其中涉及的函数主要与数据质量和转换相关，这些函数也是数据操作中的基本任务。此外，本章还讨论了如何通过多种函数实现相同的任务，从而强调某些函数有助于简化代码的编写过程。

第 3 章将学习如何合并数据集和索引，并对其执行加密和压缩操作。

第 2 部分

合并、优化和描述性统计数据

第 2 部分主要讨论数据集的合并方法，以及如何利用索引和压缩技术处理大数据。除此之外，我们还将学习加密功能以保护数据，并通过内建函数生成描述性统计数据。

第 2 部分主要涉及下列各章。

- ❑ 第 3 章，合并、索引、加密和压缩技术。
- ❑ 第 4 章，统计、报表、转换过程和函数。

第 3 章 合并、索引、加密和压缩技术

截至目前，我们一直关注数据集的创建和函数的使用。对于大量的数据集，有时需要对其进行合并操作。典型的数据库可能包含数千个数据集，某些较大的组织机构甚至会持有数百万个数据集。但我们为什么要把它们结合起来呢？如果读者在税务机关工作，可能希望将持有的个人信息与来自银行的账户信息进行合并。本章将介绍各类组合技术。

组合大型数据集需要大量的计算资源，并占用较长的时间。对此，我们可采用索引机制。前述内容已经介绍了压缩函数，除此之外，还存在另一种数据集压缩技术可以在存储客户数据集时提升效率。而且，数据集的加密也是困扰数据管理行业的另一个问题。因此，本章将深入介绍索引机制、压缩和加密技术。

本章主要涉及以下主题。
- 组合机制。
- 连接数据集。
- 交叉数据集。
- 合并数据集。
- 创建一个索引。
- 加密数据集。

3.1 合并机制简介

当采用下列数据步骤时，存在 5 种可用的合并选项。
（1）连接。
（2）交叉。
（3）合并。
- 一对一。
- 一对多。
- 多对多。

（4）更新。
（5）修改。

下面介绍如何利用上述各选项合并数据集。

3.1.1 连接

本节将使用第 1 章中的生活成本数据集的数据。

图 3.1 显示了两个数据集。

City	Index	City	Index
Adelaide	85	Hong Kong	83
Beijing	90	Johannesburg	35
Copenhagen	65	Manila	41
Doha	56	Moscow	48
Dubai	75	Mumbai	83
Dublin	45	Munich	65

图 3.1

相应地，可使用下列代码连接两个数据集。

```
Data Concatenate_AB;
    Set A B;
Run;
```

这将生成如图 3.2 所示的输出结果。

City	Index
Adelaide	85
Beijing	90
Copenhagen	65
Doha	56
Dubai	75
Dublin	45
Hong Kong	83
Johannesburg	35
Manila	41
Moscow	48
Mumbai	83
Munich	65

图 3.2

在进行连接时，我们尝试将不同数据集的观察数据堆叠起来。其间的复杂之处包括观察数据的长度、数据集中不同的变量数量，以及修改连接方法后的缺失值。本章稍后将对此进行详细讨论。

3.1.2　交叉

在交叉过程中，我们以特定的顺序堆叠数据集，如图 3.3 所示。对此，可通过 By Index 语句指定相应的顺序。

下列代码可实现两个数据集的交叉操作。

```
Data Interleave_AB;
Set A B;
By Index;
Run;
```

这将生成如图 3.4 所示的输出结果。

Index	Index
45	35
56	41
65	48
75	65
85	83
90	83

图 3.3

Index
35
41
45
48
56
65
65
75
83
83
85
90

图 3.4

无论何时指定 By 语句，都应确保语句中提及的变量处于排序状态。读者可能已经注意到，输出结果中保留了重复值。

3.1.3　合并

此处将介绍一对一合并实例，并于稍后讨论其他合并技术。首先运行下列代码修改数据集，以确保包含两个不同的列，但仍可利用用于展示目的的相关数据。

```
Data X (Rename=(Index=IndexA));
Set A;
Run;
```

接下来运行 Merge 代码，如下所示。

```
Data Merge_XB;
Merge X B;
Run;
```

这将生成如图 3.5 所示的输出结果。

IndexA	Index
45	35
56	41
65	48
75	65
85	83
90	83

图 3.5

当与连接和交叉机制进行比较时，关键的语法差异在于使用了 Merge 语句。对于输出结果来说，其差异在于 Merge 语句根据数据集中的位置合并观察数据。如果变量名在两个数据集中保持一致，那么输出结果仅包含 Merge 语句中读取的第 2 个或最后一个数据集中的观察数据。

3.1.4 更新

此处将复用 3.1.1 节中用于连接操作的表数据。表 A_Alt（即表 A）将用于更新原始数据集。

相应地，可使用下列代码更新表 A。

```
Data A_Alt;
Input City $12. Index;
Datalines;
Adelaide     85
Beijing      90
Copenhagen   .
```

```
Copenhagen   65
Dubai        75
Dublin       95
Hong Kong    83
;

Data A;
Update A A_Alt;
By City;
Run;
```

这将生成如图 3.6 所示的输出结果。

City	Index	City	Index	City	Index
Adelaide	85	Adelaide	85	Adelaide	85
Beijing	90	Beijing	90	Beijing	90
Copenhagen	65	Copenhagen	.	Copenhagen	65
Doha	56	Copenhagen	65	Doha	56
Dubai	75	Dubai	75	Dubai	75
Dublin	45	Dublin	95	Dublin	95
		Hong Kong	83	Hong Kong	83

图 3.6

这里，我们尝试利用 A_Alt 更新表 A 并查看下列输出结果。

❑ 观察数据的数量有所不同。
❑ 对于 Adelaide 和 Beijing，A_Alt 中的观察数据 1 和 2 包含不同的值。
❑ A_Alt 中的观察数据 3 包含缺失值。
❑ A_Alt 中的观察数据 3 和 4 均与同一城市相关。
❑ Doha 未在 A_Alt 中列出，但却出现于表 A 中。
❑ Hong Kong 未在 A 中列出，但却出现于表 A_Alt 中。

这种差异已在输出结果中得到了解决。

❑ 观察数据 1 和 2 的值已被更新。
❑ A_Alt 中针对 Copenhagen 缺失的观察数据 3 已被忽略。
❑ 仅保留 Copenhagen 的一个值。
❑ 保留了 Doha，但也将 Hong Kong 列入了城市名单。

3.1.5 修改

修改和更新之间存在诸多不同。在修改过程中，仅可对现有的表进行修改，且无法创建新的输出表，同时不需要观察数据处于排序状态，这对于更新操作来说是不可或缺的。

下列代码用于修改表。

```
Data Master;
Modify Master A_Alt;
By City;
Run;
```

这将生成如图 3.7 所示的输出结果。

Obs	City	Index
1	Adelaide	85
2	Beijing	90
3	Copenhagen	65
4	Doha	56
5	Dubai	75
6	Dublin	45

Obs	City	Index
1	Adelaide	65
2	Beijing	98
3	Copenhagen	.
4	Copenhagen	65
5	Dubai	75
6	Dublin	95
7	Hong Kong	83

Obs	City	Index
1	Adelaide	65
2	Beijing	98
3	Copenhagen	.
4	Copenhagen	65
5	Dubai	75
6	Dublin	95
7	Hong Kong	83

图 3.7

当前，需要对数据集 Master 进行修改。输出数据集是 A_Alt 表的副本。如果在 Data 语句中使用 REPLACE 选项，我们将得到不同的结果，如图 3.8 所示。

Obs	City	Index
1	Adelaide	65
2	Beijing	98
3	Copenhagen	65
4	Copenhagen	65
5	Dubai	75
6	Dublin	95
7	Hong Kong	83

图 3.8

REPLACE 语句将当前观察数据写入同一物理位置，并在使用 Data 语句命名的所有数据集中读取。

前述内容介绍了用于合并数据集的多个选项，下面将进一步进行讨论。

3.2 连　　接

本节将介绍最简单的数据集，两个数据集包含的变量具有类似的属性、相等的变量长度和相同类型的变量。最终的结果是将两个数据集堆叠在一起。

3.2.1 不同的变量长度和附加变量

下面首先查看小型数据集间的一些差异，进而在实际操作过程中消除这些差异。除此之外，我们还将探讨连接数据集的 APPEND 方法。

```
Data Customer;
Set Customer_X Customer_Y;
Run;
```

这将生成如图 3.9 所示的输出结果。

Obs	ID	Gender	Age	Region	Obs	ID	Gender	Age	Region	Dependents
1	10004523	F	34	Portsmouth	1	10005296	F	24	Shefield	1
2	10002342	F	45	Southampton	2	10001002	F	65	Liverpool	0
3	10002462	M	36	Leeds	3	10003407	F	43	Cardiff	0
4	10002328	M	65	Durham	4	10009832	M	76	Bath	0
5	10006345	M	56	Bristol	5	10000086	F	21	Sunderland	0
6	10005234	M	19	Newcastle	6	10002349	M	27	London	2
7	10005325	F	23	London	7	10008740	M	40	Birmingham	3

图 3.9

注意，输出结果中 Dependents 变量包含缺失值，如图 3.10 所示。

LOG 中显示了下列注释内容。

```
WARNING: Multiple lengths were specified for the variable Region by input
data set(s). This can cause truncation of data.
NOTE: There were 7 observations read from the data set WORK.CUSTOMER_X.
NOTE: There were 7 observations read from the data set WORK.CUSTOMER_Y.
NOTE: The data set WORK.CUSTOMER has 14 observations and 5 variables.
```

Obs	ID	Gender	Age	Region	Dependents
1	10004523	F	34	Portsmouth	.
2	10002342	F	45	Southampton	.
3	10002462	M	36	Leeds	.
4	10002328	M	65	Durham	.
5	10006345	M	56	Bristol	.
6	10005234	M	19	Newcastle	.
7	10005325	F	23	London	.
8	10005296	F	24	Shefield	1
9	10001002	F	65	Liverpool	0
10	10003407	F	43	Cardiff	0
11	10009832	M	76	Bath	0
12	10000086	F	21	Sunderland	0
13	10002349	M	27	London	2
14	10008740	M	40	Birmingham	3

图 3.10

其中显示了与长度相关的提示内容，因为在 Customer_X 中，Region 的长度定义为 11 个字符；而在 Customer_Y 中，Region 的长度定义为 12 个字符。如果 Customer_Y 表中的长度小于 Customer_X 表中的长度，则不会出现问题。没有真正导致输出数据集未被截取的唯一原因是，Customer_Y 表中观察数据的长度为 10。

但是，此处不存在与 Customer_Y 数据集中附加变量相关的警告和提示内容。附加变量被写入输出数据集，然而，当两个表堆叠在一起时，Customer_X 表中针对附加变量的观察数据被设置为缺失值。

如果我们获得了数据集中与变量不同长度相关的提示，情况又当如何？对此，存在两种解决方案，但其中一种方案也会使我们陷入困境，如图 3.11 所示。

Obs	ID	Region
1	10004523	Bath
2	10002342	Leed

Obs	ID	Region
1	100296	Newcastle
2	101002	Birmingham

Obs	ID	Region
1	10004523	Bath
2	10002342	Leed
3	100296	Newca
4	101002	Birmi

图 3.11

在表 X 中，ID 的长度为 8，且 Region 的长度为 5。在表 Y 中，ID 的长度为 6，且 Region 的长度为 10。如果不同长度的问题仅针对 ID 变量，则可忽略 X 和 Y 数据集之间的差异，而满足于 XY 数据集的输出结果。毕竟，数据集 Y 中的 ID 变量值不会被截取，因为该变量包含较短的长度和较短的观察数据。然而，数据集 Y 中 Region 的观察数据已被截取，因而需要对此进行修正。

一种防止截取 Region 变量的方法是改变 SET 语句中数据集的顺序。对此，可使用下列连接命令。

```
Data XY;
Set Y X;
Run;
```

这将生成如图 3.12 所示的输出结果。

Obs	ID	Region
1	100296	Newcastle
2	101002	Birmingham
3	10004523	Bath
4	10002342	Leed

图 3.12

至此，Region 变量的截取问题已被处理。查看 ID 变量的属性时，可以看到该变量的长度为 6。即使 Y 中的 ID 值可正确显示，在连接后该表中观察数据的长度从 8 变为 6。下面尝试利用下列命令修改长度值。

```
Data XY;
Set Y X;
Length ID 8.;
Length Region $12.;
Run;

WARNING: Length of character variable Region has already been set.
Use the LENGTH statement as the very first statement in the DATA STEP to
declare the length of a character variable.
```

这将生成如图 3.13 所示的输出结果。

图 3.13 中包含了当前程序、LOG 和连接后的输出结果。可以看到，ID 变量的长度已被成功地修改。对于字符变量，我们得到了一条警告消息，说明在调用 SET 语句之后长度已被指定。如果需要修改字符变量的长度，则需要在调用 SET 语句之前执行这一项

任务。对于某个数值，在 SET 语句前、后修改长度并不重要。程序员需要小心处理，因为以错误的顺序放置 LENGTH 语句可能会导致意想不到的后果。例如，程序员在创建输出时缺失 LOG 消息的情况并不少见。

Property	Value	Property	Value
Label	ID	Label	Region
Name	ID	Name	Region
Length	8	Length	10
Type	Numeric	Type	Char
Format		Format	

图 3.13

3.2.2 重复值

如果表中的某些观察结果包含相同值，情况又当如何？此时，输出数据集中将会包含重复值。只要成功地创建了输出数据集，连接操作并不会导致删除任何值。

3.2.3 不同的数据类型

在两个数据集中连接的 ID 变量包含数字格式。接下来我们将该变量声明为 Customer_Y 数据集中的字符变量，如下所示。

```
103 Data Customer;
104 Set Customer_X Customer_Y;
ERROR: Variable ID has been defined as both character and numeric.
105 Run;

NOTE: The SAS System stopped processing this step because of errors.
WARNING: The data set WORK.CUSTOMER may be incomplete. When this step was
stopped there were 0 observations and 5 variables.
```

对于我们来说，唯一的方法是更改任意一个数据集中 ID 的格式。需要更改哪个数据集则取决于 ID 变量的预期值。如果仅需要数值，那么应修改 Customer_Y 数据集中 ID 变量的格式，否则应修改 Customer_X 数据集中 ID 变量的格式。

3.2.4 利用临时变量

再次回顾 3.2.1 节中的表。输出数据集中存在 5 个变量。如果我们知道哪些观察数据来自 Customer_X 或 Customer_Y 表，那么将对后续操作十分有帮助。对此，我们将修改程序并创建一个 Source 变量，以此表明哪一个表对特定的观察数据做出了贡献。

```
Data Customer;
Set Customer_X (in = a) Customer_Y (in = b);
If a = 1 then
    Source = "X";
Else Source = "Y";
Run;
```

这将生成如图 3.14 所示的输出结果。

Obs	ID	Gender	Age	Region	Dependents	Source
1	10004523	F	34	Portsmouth	.	X
2	10002342	F	45	Southampton	.	X
3	10002462	M	36	Leeds	.	X
4	10002328	M	65	Durham	.	X
5	10006345	M	56	Bristol	.	X
6	10005234	M	19	Newcastle	.	X
7	10005325	F	23	London	.	X
8	10005296	F	24	Shefield	1	Y
9	10001002	F	65	Liverpool	0	Y
10	10003407	F	43	Cardiff	0	Y
11	10009832	M	76	Bath	0	Y
12	10000086	F	21	Sunderland	0	Y
13	10002349	M	27	London	2	Y
14	10008740	M	40	Birmingham	3	Y

图 3.14

IN 临时变量是数据步骤中的唯一有效数据。据此，我们可创建一个永久变量，如 Source。IN 临时变量的形式如下所示。

$$IN=varname$$

该变量只能取 0 或 1 值。在前述示例中，源自 Customer_X 的所有变量将针对 a 变量使用值 1，程序如下。

```
If a = 1 then
    Source = "X";
```

此外，还可编写下列替代语句。

```
If a then
    Source = "X";
```

持有一个源变量对于连接操作来说十分有用，其原因在于，即使使用两个贡献表，标识对应源也会令人感到困惑。如果在连接处理过程中使用了 10 个表，其难度可想而知。

3.2.5 PROC APPEND

PROC APPEND 是堆叠数据集的一种替代方案且不同于连接操作，因为 PROC APPEND 通过下列方式使用 SET 语句。

- PROC APPEND 仅可处理两个数据集，而连接操作的唯一限制是计算资源。
- 在 PROC APPEND 中，我们无法创建新的数据集。
- PROC APPEND 对于大型数据集十分有帮助，因为 PROC APPEND 并不读取数据集，且仅将第 2 个数据集添加至第 1 个数据集之后。
- 当数据集中的变量具有不同类型时，PROC APPEND 可被强制生成输出结果。相比之下，基于 SET 语句的连接操作将终止处理过程，且不会生成输出结果。

接下来将复用 3.1.1 节中的数据集，以熟悉 PROC APPEND 的语法内容。

```
PROC APPEND Base = A Data = B;
RUN;
```

这将生成如图 3.15 所示的输出结果。

Obs	City	Index
1	Adelaide	85
2	Beijing	90
3	Copenhagen	65
4	Doha	56
5	Dubai	75
6	Dublin	45
7	Hong Kong	83
8	Johannesburg	35
9	Manila	41
10	Moscow	48
11	Mumbai	83
12	Munich	65

图 3.15

通过 BASE 语法，我们定义了将要追加的数据。最终生成的结果与连接操作保持一致。

下面查看持有不同变量类型时的输出结果。这里，我们尝试使用不同变量长度所展示的数据集。不会生成任何输出结果，我们将在 LOG 中得到下列消息。

```
103 PROC APPEND Base = Customer_X Data = Customer_Y;
 104 RUN;

NOTE: Appending WORK.CUSTOMER_Y to WORK.CUSTOMER_X.
WARNING: Variable Dependents was not found on BASE file. The variable
will not be added to the BASE file.
WARNING: Variable ID not appended because of type mismatch.
WARNING: Variable Region has different lengths on BASE and DATA files
(BASE 11 DATA 12).
ERROR: No appending done because of anomalies listed above. Use FORCE
option to append these files.
NOTE: 0 observations added.
NOTE: The data set WORK.CUSTOMER_X has 7 observations and 4 variables.
```

根据建议，我们将使用 FORCE 选项。

```
PROC APPEND Base = Customer_X Data = Customer_Y FORCE;
RUN;
```

这将生成如图 3.16 所示的输出结果。

Obs	ID	Gender	Age	Region
1	10004523	F	34	Portsmouth
2	10002342	F	45	Southampton
3	10002462	M	36	Leeds
4	10002328	M	65	Durham
5	10006345	M	56	Bristol
6	10005234	M	19	Newcastle
7	10005325	F	23	London
8	.	F	24	Shefield
9	.	F	65	Liverpool
10	.	F	43	Cardiff
11	.	M	76	Bath
12	.	F	21	Sunderland
13	.	M	27	London
14	.	M	40	Birmingham

图 3.16

Customer_X 和 Customer_Y 表之间存在 3 处不同。其中，Customer_X 表包含了数字类型的 ID，而 Customer_Y 表则将其存储为一个字符；另外，Customer_X 和 Customer_Y 表中的 Region 长度分别为 11 和 12；最后，Customer_Y 表包含了 Dependent 变量，而 Customer_X 表则不包含该变量。

针对变量类型差异和变量长度，ID 和 Region 列的输出结果涉及 BASE 数据集中的属性。对应的输出结果仅包含 BASE 表中的变量，并忽略了追加表中的附加变量。甚至通过 FORCE 选项，附加变量也不会被写入 BASE 数据集，因为附加变量未包含于 Customer_X 数据集的描述符部分中。记住，我们并未利用 PROC APPEND 创建一个新的数据集，而是仅仅将其追加至 BASE 数据集中，因而前述章节所讨论的描述符在这里变得十分重要。与附加的数据集相比，如果 BASE 数据集持有一个额外的变量，那么通过 FORCE 选项，我们将能够获得输出结果。附加数据集的观察数据会将 BASE 数据集包含的附加变量的值设置为缺失值。

FORCE 选项确保 BASE 数据集中的长度和变量类型取代附加数据集中的信息。如果在 BASE 数据集中出现了一个额外的变量，那么该变量将出现在附加的输出结果中。

考虑到所有这些差异，如果要追加的数据集比较大，并且不存在覆写问题，那么与基于 SET 语句的连接操作相比，PROC APPEND 可能是更好的选择。

3.3 交　叉

为了展示交叉如何处理长度、数据类型和附加变量，我们修改了之前所采用的数据；而交叉所采用的程序仍保持不变。

```
Data A;
Input Index City $1. Sample Past;
Datalines;
45 A 500 43
56 B 500 50
65 C 600 58
75 D 600 68
85 E 600 82
90 F 500 94
;

Data B;
Input Index City $2. Sample $;
```

```
Datalines;
35 AA 600
41 BB 500
48 CC 500
65 DD 600
83 EE 600
83 FF 600
;
```

下面回顾一下之前生成的数据集，如图 3.17 所示。

Index	City	Sample	Past	Index	City	Sample
45	A	500	43	35	AA	600
56	B	500	50	41	BB	500
65	C	600	58	48	CC	500
75	D	600	68	65	DD	600
85	E	600	82	83	EE	600
90	F	500	94	83	FF	600

图 3.17

上述数据集中的 Index 变量包含相同的属性。City 在两个数据集中定义为字符变量类型，但长度有所不同。对于 Sample，其变量类型在数据集中会有所不同；Past 变量则仅存在于数据集 A 中。

当运行交叉的代码时，会得到下列错误信息。

```
101 Data Interleave_AB;
102 Set A B;
ERROR: Variable Sample has been defined as both character and numeric.
103 By Index;
104 Run;
```

对此，需要在两个数据集之间生成一致的变量类型。在将 Sample 转换为数字格式后，再次运行程序。

图 3.18 显示了最终的输出结果。

这里，Sample 的问题已经得到了解决。City 变量保留了数据集 A 中的长度，这导致数据集 B 的观察数据值被截取。Past 变量仅出现于 SET 语句中的第 1 个数据集内，因此新的数据集通过 Past 变量被创建。数据集 B 中的全部观察数据均设置为该变量的缺失值。

Index	City	Sample	Past
35	A	600	.
41	B	500	.
45	A	500	43
48	C	500	.
56	B	500	50
65	C	600	58
65	D	600	.
75	D	600	68
83	E	600	.
83	F	600	.
85	E	600	82
90	F	500	94

图 3.18

3.4 合　　并

我们有必要了解合并数据集的不同方法，在 SAS 中最重要的方法就是合并数据集。本节将介绍一对多和多对多合并。除此之外，我们还将学习匹配法（BY MATCHING）这一概念。

3.4.1 匹配法

当执行匹配法时，我们将持有两个不同数据集（A 和 B）中与生活成本相关的信息，如图 3.19 所示。

此处需要连接两个数据集，以便得到一个包含 10 行 City 观察数据和 9 个变量的较大数据集。

下面使用之前生成合并输出结果时所采用的同一合并形式。

```
Data Cost_Living;
Merge A B;
Run;
```

可以得到如图 3.20 所示的输出结果。其中，两个数据集根据观察数据的顺序被合并。

但是，如果观察数据的数量在两个数据集中不相同，情况又当如何？下面移除数据集 B 中的观察数据 Doha 和 Dubai 并尝试再次运行程序，对应的输出结果如图 3.21 所示。

City	Index	Prev_yr_index	Housing	Food	Travel	City	Utility	Education	Leisure	Other
Adelaide	85	83	35	10	10	Adelaide	9	14	10	12
Beijing	90	92	40	10	15	Beijing	10	18	5	2
Copenhagen	65	64	25	15	10	Copenhagen	10	12	12	16
Doha	56	50	30	15	5	Doha	10	10	20	10
Dubai	75	76	30	16	14	Dubai	10	20	8	2
Dublin	45	43	30	10	8	Dublin	12	10	15	15
Hong Kong	83	88	45	5	10	Hong Kong	15	15	9	1
Johannesburg	35	40	45	5	5	Johannesburg	15	15	10	5
Manila	41	42	25	10	15	Manila	15	20	10	5
Moscow	48	53	40	20	5	Moscow	5	10	10	10

图 3.19

City	Index	Prev_yr_index	Housing	Food	Travel	Utility	Education	Leisure	Other
Adelaide	85	83	35	10	10	9	14	10	12
Beijing	90	92	40	10	15	10	18	5	2
Copenhagen	65	64	25	15	10	10	12	12	16
Doha	56	50	30	15	5	10	10	20	10
Dubai	75	76	30	16	14	10	20	8	2
Dublin	45	43	30	10	8	12	10	15	15
Hong Kong	83	88	45	5	10	15	15	9	1
Johannesburg	35	40	45	5	5	15	15	10	5
Manila	41	42	25	10	15	15	20	10	5
Moscow	48	53	40	20	5	5	10	10	10

图 3.20

Obs	City	Index	Prev_yr_index	Housing	Food	Travel	Utility	Education	Leisure	Other
1	Adelaide	85	83	35	10	10	9	14	10	12
2	Beijing	90	92	40	10	15	10	18	5	2
3	Copenhagen	65	64	25	15	10	10	12	12	16
4	Dublin	56	50	30	15	5	12	10	15	15
5	Hong Kong	75	76	30	16	14	15	15	9	1
6	Johannesburg	45	43	30	10	8	15	15	10	5
7	Manila	83	88	45	5	10	15	20	10	5
8	Moscow	35	40	45	5	5	5	10	10	10
9	Manila	41	42	25	10	15	.	.	.	.
10	Moscow	48	53	40	20	5	.	.	.	.

图 3.21

City 变量中省略了 Doha 和 Dubai 这两个城市的名称，而非将其设置为缺失值。进一步讲，Manila 和 Moscow 的名称是重复的。针对观察数据 7 和 8 的所有变量，Manila 和 Moscow 包含了一组错误值。

对此，需要使用匹配法（by matching）。此处使用了之前交叉示例中的关键字 By。采用 By 语句的合并操作使得观察数据可根据指定的 By 变量值进行合并。所有的数据集需要通过 By 语句中指定的变量进行排序。

```
Data Cost_Living;
Merge A B;
By City;
Run;
```

上述代码将生成如图 3.22 所示的输出结果，即通过匹配法合并得到的生活成本数据集。

Obs	City	Index	Prev_yr_index	Housing	Food	Travel	Utility	Education	Leisure	Other
1	Adelaide	85	83	35	10	10	9	14	10	12
2	Beijing	90	92	40	10	15	10	18	5	2
3	Copenhagen	65	64	25	15	10	10	12	12	16
4	Doha	56	50	30	15	5	.	.	.	.
5	Dubai	75	76	30	16	14	.	.	.	.
6	Dublin	45	43	30	10	8	12	10	15	15
7	Hong Kong	83	88	45	5	10	15	15	9	1
8	Johannesburg	35	40	45	5	5	15	15	10	5
9	Manila	41	42	25	10	15	15	20	10	5
10	Moscow	48	53	40	20	5	5	10	10	10

图 3.22

这一次我们得到了正确的答案，其中，Utility、Education、Leisure 和 Other 变量的值均设置为 Doha 和 Dubai 的缺失值。

3.4.2 重叠变量

在介绍一对一合并时谈到，如果变量名及其属性在两个合并数据集之间相同，那么输出结果仅包含源自 Merge 语句中读取的第 2 个或最后一个数据集中的观察数据。下面将通过一个示例理解其中的含义。

这里，我们仍将使用前述示例所采用的同一 Merge 语句。数据集 B 略有不同，如

图 3.23 所示，其包含了一个附加变量 Travel。

Obs	City	Utility	Education	Leisure	Other	Travel
1	Adelaide	9	14	10	12	.
2	Beijing	10	18	5	2	.
3	Copenhagen	10	12	12	16	99
4	Dublin	12	10	15	15	99
5	Hong Kong	15	15	9	1	8
6	Johannesburg	15	15	10	5	7
7	Manila	15	20	10	5	5
8	Moscow	5	10	10	10	8

图 3.23

通过合并处理生成的输出结果（见图 3.24）并未在 LOG 中产生错误和警告信息。除 Doha 和 Dubai 外，Travel 数据集的所有观察数据均被数据集 B 中的同一变量值所覆写。这里，需要特别关注数据 1、2、3、6 的 Travel 值，因为此类值要么是缺失值，要么包含明显的错误。

Obs	City	Index	Prev_yr_index	Housing	Food	Travel	Utility	Education	Leisure	Other
1	Adelaide	85	83	35	10	.	9	14	10	12
2	Beijing	90	92	40	10	.	10	18	5	2
3	Copenhagen	65	64	25	15	99	10	12	12	16
4	Doha	56	50	30	15	5	.	.	.	.
5	Dubai	75	76	30	16	14	.	.	.	.
6	Dublin	45	43	30	10	99	12	10	15	15
7	Hong Kong	83	88	45	5	8	15	15	9	1
8	Johannesburg	35	40	45	5	7	15	15	10	5
9	Manila	41	42	25	10	5	15	20	10	5
10	Moscow	48	53	40	20	8	5	10	10	10

图 3.24

在大型组织机构中，困扰大多数数据系统的问题之一是跨数据集之间存在类似的变量。这里，一种错误的观点是假设所有数据集间的值均是相似的。这些值可能源自不同的时间段或货币，抑或值的来源有所不同，也可能它们在执行某些数据质量检查后被转换。数据集中出现相似变量的原因多种多样，执行 Merge 操作的分析师应仔细考虑重叠变量的使用后果。由于在执行程序时不会产生警告或错误，因此很容易错误地组合数据。

3.4.3 一对多合并

与一对一的匹配法相比,一对多合并过程所涉及的语法内容并无变化,差别在于输入和输出数据集。图 3.25 所示的表为一对多合并的数据集。

Obs	City	Index	Housing	Food
1	Adelaide	85	83	35
2	Beijing	90	92	40
3	Copenhagen	65	64	25
4	Dublin	45	43	30
5	Hong Kong	83	88	45

Obs	City	Utility	Education
1	Adelaide	9	14
2	Beijing	10	18
3	Copenhagen	10	12
4	Dublin	12	10
5	Hong Kong	15	15

Obs	Index_Date	City	Index
1	01JAN2019	Adelaide	85
2	01JAN2019	Beijing	90
3	01JAN2018	Beijing	89
4	01JAN2019	Copenhagen	65
5	01JAN2019	Dublin	45
6	01JAN2019	Hong Kong	83
7	01JAN2018	Hong Kong	81
8	01JAN2017	Hong Kong	76

图 3.25

此处引入了第 3 个数据集 C,其中针对某座城市包含多个观察结果。另外,该数据集中还包含了之前年份的索引值。截至目前,我们曾持有一个独立的变量(而非行)以包含本章之前示例中的索引值。在数据集 A 和 B 中,每座城市仅包含一行;而在数据集 C 中,每座城市则包含多行数据。接下来查看 Merge 处理过程的输出结果。

```
Data ABC;
Merge A B C;
By City;
Run;
```

上述代码将生成如图 3.26 所示的输出结果。

Obs	City	Index	Housing	Food	Utility	Education	Index_Date
1	Adelaide	85	83	35	9	14	01JAN2019
2	Beijing	90	92	40	10	18	01JAN2019
3	Beijing	89	92	40	10	18	01JAN2018
4	Copenhagen	65	64	25	10	12	01JAN2019
5	Dublin	45	43	30	12	10	01JAN2019
6	Hong Kong	83	88	45	15	15	01JAN2019
7	Hong Kong	81	88	45	15	15	01JAN2018
8	Hong Kong	76	88	45	15	15	01JAN2017

图 3.26

在数据集 C 中，一座城市的多个行的第 1 个实例是 Beijing。最终，针对该城市我们在输出数据集中获得了两个观察数据，且针对这两个观察数据，索引值和日期均有所不同。然而，Beijing 的其他变量则在两个观察数据中包含了相同的值。这看上去是正确的答案，但将变量存储为某个观察数据的缺失值实际上是错误的。记住，对于 Beijing，针对数据集 A 和 B 中的 Housing、Food、Utility 和 Education 变量，我们仅包含一行观察数据。输出中 Beijing 的第 2 个观察数据包含了与第 1 个观察数据相同的值。因此，在图 3.26 中，我们可以看到重叠变量的两个关键之处。首先，在 SET 语句中指定的最后一个数据集中的观察结果覆盖了之前重叠变量的任何观察结果。其次，在一对多匹配场景中，一些变量的值将在行/观察数据之间重复使用。

3.4.4 数据向量编程

前述章节曾讨论了数据向量编程（PDV）这一概念。本节将合并数据集的 PDV，以进一步理解 Merge 处理过程的工作方式。除此之外，本章还将查看_N_和_ERROR_这一类角色，重点在于理解如何将 3 个数据集中的观察数据合并到一个数据集中。相应地，PDV 遵循下列各项步骤。

（1）初始状态下，PDV 通过引入数据集 A、B、C 中的变量并将全部记录设置为缺失值而被创建。

City	Index	Housing	Food	Utility	Education	Index_Date
.	.	.	.	.	.	.

（2）程序将查找第 1 个进入 PDV 的 BY GROUP。在当前示例中，BY GROUP 由 Index 变量构成。其中，第 1 个 BY GROUP 是 Adelaide。对此，3 个数据集中均存储了相应的观察数据，数据集 A 中的观察数据将首先被写入 PDV。

City	Index	Housing	Food	Utility	Education	Index_Date
Adelaide	85	83	35	.	.	.

（3）数据集 B 中的观察数据 Adelaide 的 BY GROUP 被写入 PDV。

City	Index	Housing	Food	Utility	Education	Index_Date
Adelaide	85	83	35	9	14	.

（4）数据集 C 中的观察数据 Adelaide 的 BY GROUP 被写入 PDV。在数据集 C 中，BY GROUP 持有两个变量值。其中，Index_Date 值为 PDV 的缺失值，因而将立即被复制。Index 值已经存在于 PDV 中，并被数据集 C 中的 Index 值覆写。然而，由于数据集 A 和

C 中的 Index 值对于 Adelaide 的 BY GROUP 是相同的，因此一般不会注意到实际值的差异（即使当前值 85 源自数据集 C）。

City	Index	Housing	Food	Utility	Education	Index_Date
Adelaide	85	83	35	9	14	01Jan19

（5）在将观察数据写入 PDV 后，程序将检查 BY GROUP 是否还存在其他观察数据。若不存在，则在 PDV 数据写入输出数据集后将 PDV 中的值设置为缺失值。

City	Index	Housing	Food	Utility	Education	Index_Date
.	.	.	.	.	.	.

（6）程序将查找下一个 BY GROUP，即 Beijing，其包含了 3 个数据集中的值。PDV 首先通过数据集 A 中的值填充。

City	Index	Housing	Food	Utility	Education	Index_Date
Beijing	90	92	40	.	.	.

（7）此时，PDV 将被数据集 B 中 Beijing 的第 1 个观察数据填充。

City	Index	Housing	Food	Utility	Education	Index_Date
Beijing	90	92	40	10	18	.

（8）类似于 Adelaide 的 BY GROUP 情形，我们利用数据集 C 中的变量值覆写了 PDV 中的 Index 值。然而，对于 BY GROUP 的第 1 个实例，由于数据集 A 和 C 中的值相同，因而我们没有觉察到任何差异。此外，Index_Date 的值也将被填充。

City	Index	Housing	Food	Utility	Education	Index_Date
Beijing	90	92	40	10	18	01Jan2019

（9）在 Adelaide 的 BY GROUP 实例中，在将第 1 个观察数据写入 PDV 后，PDV 将在数据写入数据表后被设置为缺失值，其原因在于，程序无法针对当前 BY GROUP 找到更多的观察数据。然而，对于 Beijing 的 BY GROUP，数据集 C 中包含了两个观察数据。因此，PDV 不会将变量值设置为缺失值。相反，PDV 将创建第 2 个观察数据，其中，变量值在初始时设置为缺失值。

City	Index	Housing	Food	Utility	Education	Index_Date
Beijing	90	92	40	10	18	01Jan2019
.	.	.	.	.	.	.

（10）由于 Beijing 的 BY GROUP 在数据集 A 和 B 中不包含任何观察数据，因而

PDV 中保留的观察数据的变量值将被写入第 2 个观察数据中。

City	Index	Housing	Food	Utility	Education	Index_Date
Beijing	90	92	40	10	18	01Jan2019
Beijing	90	92	40	10	18	.

（11）数据集 C 包含 Beijing 的 BY GROUP 的第 2 个观察数据，其 Index 值将覆写 PDV 中第 2 个观察数据的已有变量值。另外，Index_Date 值也将被写入 PDV 中。

City	Index	Housing	Food	Utility	Education	Index_Date
Beijing	90	92	40	10	18	01Jan2019
Beijing	89	92	40	10	18	01Jan2018

（12）在当前阶段，程序将意识到 Beijing 的当前形式中不存在更多的观察数据。程序将 PDV 值写入数据集，将 PDV 值设置为缺失值，并针对下一个 BY GROUP 持续扫描其余的观察数据。

3.4.5 多对多合并

在一对多合并中，我们在数据集 C 中针对同一个 BY GROUP 包含了多个观察数据。在多对多合并中，可在不同的数据集中对同一 BY GROUP 包含多个观察数据。接下来查看一对多合并中使用的同一程序，并对数据集稍做调整，如图 3.27 所示。

Obs	Index_Date	City	Index	Housing
1	01JAN2019	Adelaide	85	83
2	01JAN2019	Beijing	90	92
3	01JAN2018	Beijing	90	90
4	01JAN2019	Copenhagen	65	64
5	01JAN2019	Dublin	45	43
6	01JAN2019	Hong Kong	83	88
7	01JAN2018	Hong Kong	83	88
8	01JAN2017	Hong Kong	82	88
9	01JAN2016	Hong Kong	82	87

Obs	City	Utility	Education
1	Adelaide	9	14
2	Beijing	10	18
3	Copenhagen	10	12
4	Dublin	12	10
5	Hong Kong	15	15

Obs	Index_Date	City	Index	Food
1	01JAN2019	Adelaide	85	35
2	01JAN2019	Beijing	90	45
3	01JAN2018	Beijing	89	42
4	01JAN2019	Copenhagen	65	30
5	01JAN2019	Dublin	45	34
6	01JAN2019	Hong Kong	83	40
7	01JAN2018	Hong Kong	81	39
8	01JAN2017	Hong Kong	76	36

图 3.27

合并后的输出结果如图 3.28 所示。

根据 LOG 描述，合并过程成功执行，但输出结果在许多方面都是错误的。下列代码显示了 LOG 中的几行内容。

```
NOTE: MERGE statement has more than one data set with repeats of BY values.
NOTE: There were 9 observations read from the data set WORK.A.
```

```
NOTE: There were 5 observations read from the data set WORK.B
NOTE: There were 8 observations read from the data set WORK.C.
NOTE: The data set WORK.ABC has 9 observations and 7 variables.
 NOTE: DATA statement used (Total process time):
       real time  0.00 seconds
       cpu time   0.00 seconds
```

Obs	Index_Date	City	Index	Housing	Utility	Education	Food
1	01JAN2019	Adelaide	85	83	9	14	35
2	01JAN2019	Beijing	90	92	10	18	45
3	01JAN2018	Beijing	89	90	10	18	42
4	01JAN2019	Copenhagen	65	64	10	12	30
5	01JAN2019	Dublin	45	43	12	10	34
6	01JAN2019	Hong Kong	83	88	15	15	40
7	01JAN2018	Hong Kong	81	88	15	15	39
8	01JAN2017	Hong Kong	76	88	15	15	36
9	01JAN2016	Hong Kong	82	87	15	15	36

图 3.28

此处仅查看输出结果中的观察数据 9。对于 2017—2019 年观察数据，Index 值等同于数据集 C 中的变量值。然而，对于 2016 年，由于数据集 C 中不存在 Index 值，因而输出数据集中的值已经由数据集 A 中的 PDV 获取。此外，Food 被任意地设置为 2016 年的值 36。然而，我们无法保证这一结果的正确性。在处理 Hong Kong 的 BY GROUP 中的第 4 个观察数据之前，PDV 将保留值 36。在处理了 PDV 中的第 4 个观察数据后，该值将被写入数据集。另外，LOG 也不会生成任何警告和错误消息。然而，这并不意味着我们得到了期望中的结果。

为了获得正确的结果，我们应执行多重 BY GROUP 匹配。在当前示例中，第 2 个 BY GROUP 为 Index_Date。下面将通过这两个 BY GROUP 对数据集进行排序，因为这也是合并的必要条件，随后尝试重新合并数据集。

```
Proc Sort Data = A;
By City Index_Date;
Run;

Proc Sort Data = C;
By City Index_Date;
Run;
```

我们将仅使用数据集 A 和 C 并在两个 BY GROUP 上进行合并-匹配，因为数据集 B

不包含我们曾使用的 BY GROUP。

```
Data AC;
Merge A C;
By City Index_Date;
Run;
```

这将生成如图 3.29 所示的输出结果。

Obs	Index_Date	City	Index	Housing	Food
1	01JAN2019	Adelaide	85	83	35
2	01JAN2018	Beijing	89	90	42
3	01JAN2019	Beijing	90	92	45
4	01JAN2019	Copenhagen	65	64	30
5	01JAN2019	Dublin	45	43	34
6	01JAN2016	Hong Kong	82	87	.
7	01JAN2017	Hong Kong	76	88	36
8	01JAN2018	Hong Kong	81	88	39
9	01JAN2019	Hong Kong	83	88	40

图 3.29

当前，针对 Food 变量的 2016 年的记录，我们得到了正确的答案。由于数据集 C 中不存在该年份的观察数据，因而将对应值设置为缺失值。另外，如果数据集 A 中不包含 Food 变量，那么其值（源自 PDV 中 BY GROUP 之前的观察数据）将被转移到数据集中。

这里的问题是，匹配-合并是否区分大小写？这一问题可能会导致意想不到的后果。假设某个数据集包含来自不同数据系统的数百万行客户记录，全部记录通过 BY GROUP 分类并合并。然而，在数百万条记录中，有 100000 条记录的客户名称是小写的。这时，只要语法正确并且满足其他匹配-合并条件，就应该能够将该数据集匹配到任何其他数据集中。但是，我们很可能无法得到正确的结果，因为其他数据集中的客户名称大多是大写、小写或正确的大小写形式，进而导致错误的匹配结果。这一问题可通过较小的数据集 A 和 C 予以展示，如图 3.30 所示，从而可以快速地对问题进行定位。

由于两个数据集中的大小写不匹配，因而 Hong Kong 的观察数据也未实现匹配。下面是合并-匹配后 LOG 中的内容。

```
NOTE: There were 6 observations read from the data set WORK.A.
NOTE: There were 5 observations read from the data set WORK.C.
NOTE: The data set WORK.AC has 9 observations and 5 variables.
NOTE: DATA statement used (Total process time):
```

```
real time     0.00 seconds
cpu time      0.01 seconds
```

Obs	Index_Date	City	Index	Housing
1	01JAN2019	Adelaide	85	83
2	01JAN2019	Copenhagen	65	64
3	01JAN2016	Hong Kong	82	87
4	01JAN2017	Hong Kong	82	88
5	01JAN2018	Hong Kong	83	88
6	01JAN2019	Hong Kong	83	88

Obs	Index_Date	City	Index	Food
1	01JAN2019	Adelaide	85	35
2	01JAN2019	Copenhagen	65	30
3	01JAN2017	hong Kong	76	36
4	01JAN2018	hong Kong	81	39
5	01JAN2019	hong Kong	83	40

Obs	Index_Date	City	Index	Housing	Food
1	01JAN2019	Adelaide	85	83	35
2	01JAN2019	Copenhagen	65	64	30
3	01JAN2016	Hong Kong	82	87	.
4	01JAN2017	Hong Kong	82	88	.
5	01JAN2018	Hong Kong	83	88	.
6	01JAN2019	Hong Kong	83	88	.
7	01JAN2017	hong Kong	76	.	36
8	01JAN2018	hong Kong	81	.	39
9	01JAN2019	hong Kong	83	.	40

图 3.30

关于大小写问题，即使 LOG 中未显示明显的警告或错误消息，但仍可有效地指示潜在的匹配-合并问题。如果期望两个数据集之间实现良好的匹配，当输入数据集中的最大观察数据数量为 6 时，输出 9 个观察数据将会指向一个匹配-合并问题。

注意，应在合并之前转换 BY GROUP 的大小写内容，进而避免区分大小写这一类问题。

3.5 索引机制

索引文件层次结构中的最底层由条目组成，所有这些条目都由 SAS 维护。这些条目按照升序表示索引变量的每个不同值。每个条目包含以下信息。

- 不同的值。
- 一个或多个唯一的记录标识符（称为 RID），用于标识包含该值的每个观察数据。

如果采用非匹配数据集中的数据集 AC 为 City 变量创建一个索引，那么会生成一个包含下列条目的索引文件，如表 3.1 所示。

表 3.1

值	RID	值	RID
Adelaide	1	Hong Kong	3，4，5，6
Copenhagen	2	hong Kong	7，8，9

如下列代码所示。

```
Data hK;
Set AC;
Where City eq "hong Kong";
Run;
```

输出结果包含数据集 AC 中的观察数据 7、8、9。当出现索引时，使用 Where 子句意味着 SAS 将计算观察数据的中位数。在当前示例中，这将判断是否 5<7 或 5>7，并删除所有 5 之前的观察数据，因为 "hong Kong" 的 RID 位于值 7 处。随后，SAS 顺序地遍历索引条目并读取观察数据，直至到达值等于或大于 7 的索引条目。

为了进一步理解顺序处理，下面介绍 SAS 的决策树，并尝试从一个 400-RID 文件的第 281 个 RID 处检索一条记录。图 3.31 展示了 RID 的查找路径。

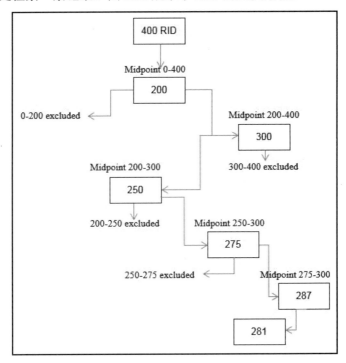

图 3.31

我们从 400 个观察数据开始并持续计算中点，直至到达一个足够小的数据子集，以帮助我们识别第 281 个 RID。

对于索引的存储，我们已经了解到 SAS 数据存储于页面中，同时索引采用升序排序。接下来介绍数据集 AC 中索引的存储方式。

```
Proc Contents Data=Work.AC Centiles;
Run;
```

图 3.32 显示了索引的百分位输出结果。

Alphabetic List of Indexes and Attributes					
#	Index	Update Centiles	Current Update Percent	# of Unique Values	Variables
1	City	5	0	4	
					Adelaide
					Adelaide
					Adelaide
					Copenhagen
					Copenhagen
					Hong Kong
					Hong Kong
					Hong Kong
					Hong Kong
					Hong Kong
					Hong Kong
					Hong Kong
					Hong Kong
					Hong Kong
					hong Kong
					hong Kong
					hong Kong
					hong Kong
					hong Kong
					hong Kong
					hong Kong

图 3.32

在 SAS 中，百分位类似于累积百分数。这里，21 个值存储于索引描述符中，表示间隔为 5 的第 0~100 个百分位数。在当前示例中可以看到，Hong Kong 包含 9 个百分位数，这是一个较高的数据比例，对应数据由索引变量值（之一）所占用。据此，我们可以说索引并不是公平分布的。即使数据集包含数百万个观察数据，根据这种分布方式，仍然无法高效地在对应变量上创建索引。

这是因为，SAS 将采用百分位信息确定是否高效地使用索引读取数据集，或者是直接读取数据集。在当前示例中，变量值存在较小的区别，SAS 可直接读取数据集。如果数据集的变化超过索引变量的 5%，就会更新百分位。这里，默认值 5%可调整为用户指定的百分比。

3.5.1 唯一值

在数据集 AC 的 9 个观察数据中，存在 4 个唯一值。如果所有的观察数据均包含唯一值，情况又当如何？对此，考虑一个客户 ID 级别的数据集，其中包含零售银行所有信贷和借贷交易的每月汇总。此类数据集的主要目的是针对每位客户每月生成单一记录。但是，如果之前存在处理错误，客户在汇总文件中包含多条记录，我们应如何处理？索引不仅可以检索记录，还可以确保发现此类错误。

下面尝试删除 AC 文件上的索引并生成新的 Unique 索引。

```
Proc Datasets Library = Summary;
Modify Summary;
   Index Delete City;
Run;
```

接下来尝试创建一个 Unique 索引。

```
PROC DATASETS LIBRARY=WORK;
MODIFY AC;
      Index Create City / Unique;
RUN;
```

在该实例中，Unique 选项可确保是否在文件中存在重复的 ID 记录，并生成错误消息。当运行当前程序时，可得到下列 LOG 消息。

```
ERROR: Duplicate values not allowed on index City for file AC.
 81 RUN;

NOTE: Statements not processed because of errors noted above.
```

这里，由于包含了重复值，因而无法针对 City 变量定义 Unique 索引。这表明，可使用 Unique 选项确保在不需要的地方不包含重复值。

3.5.2 缺失值

如果数据中存在大量的缺失值，且创建索引仍是有益的，则可使用 Nomiss 选项。本节将使用之前的数据集并针对 Housing 创建一个索引。

```
PROC DATASETS LIBRARY=WORK;
```

```
MODIFY AC;
      Index Create Housing / Nomiss;
RUN;
```

这可确保索引被成功创建,但缺失值未添加至索引中。这可确保在创建索引时节省大量资源和空间。

需要注意的是,如果 BY 处理机制或 WHERE 子句对缺失值进行了限定,那么这些语句将不会使用索引。指定后的程序仍会执行,但索引文件不会被使用。

```
Data Subset;
Set AC;
Where Housing LT 88;
Run;
```

然而,下列语句将会使用索引:

```
Where Housing LT 88 or Housing NE .;
```

至此,我们介绍了合并机制的各种方法。接下来讨论如何对数据集中的数据加密。

3.6 加　　密

在第 1 章中,我们曾利用密码加密一个数据集。加密行为可在服务器和 SAS 编程级别中实现。大多数用户无法在服务器级别上获取相应的权限。然而,SAS 提供了两种方法并通过编程方式进行加密。前述内容曾介绍了基于 SAS 内建机制的加密操作。稍后还将显示其他一些加密方法,如高级加密标准(advanced encryption standard,AES)-256。其中,256 是指加密的位密钥。

SAS 专有加密的语法如下。

```
Data Library.File (encrypt = yes pw = password);
Data Library.File (encrypt = yes write = password);
Data Library.File (encrypt = yes alter = password);
Data Library.File (encrypt = yes read = password);
```

下列代码展示了 AES 加密的语法。

```
Data Library.File (encrypt = aes pw = key);
```

其中,key 可不包含引号,或者包含单引号或双引号。相应地,引号的密码规则如下。
   (1) 不包含引号。
   ❑ 仅使用字母数字字符和下画线。

- 最长可达 64 字节。
- 可使用大小写字母。
- 应以字母开始。
- 不可包含空格。
- 不区分大小写。

（2）单引号。
- 可使用字母数字字符、特殊字符和 DBCS 字符。
- 最长可达 64 字节。
- 可使用大小写字母。
- 可包含空格，但不可包含全部空格。
- 区分大小写。

（3）双引号。
- 可使用字母数字字符、特殊字符和 DBCS 字符。
- 最长可达 64 字节。
- 可使用大小写字母。
- 可包含空格，但不可包含全部空格。
- 区分大小写。

下面尝试实现 SAS 专有加密和 AES 加密。

```
Data Locked (Encrypt=Yes PW=TestKey);
Set AC;
Run;
```

最终，专有加密方法得以成功执行。在程序执行后，将显示一个对话框，输入密码后即可看到输出的数据集，如图 3.33 所示。

图 3.33

在下列代码块中，当尝试使用 AES 加密文件时，SAS University Edition 将产生错误。

```
Data LockedAES (Encryptkey=AES PW=TestKey);
Set AC;
Run;
```

下列内容展示了 LOG 中的错误信息：

```
73 Data LockedAES (Encrypt=AES PW=XXXXXXX);
                              ‾‾‾
                              301
  ERROR 301-63: SAS/SECURE is not licensed, but is required for strong
encryption.

74 Set AC;
75 Run;
```

SAS/Secure 模块尚未纳入 SAS University Edition 中，但用户仍可使用 SAS University Edition 中的专用加密方法。

3.7 本章小结

本章学习了数据合并的各种选项，其间涉及连接数据集、交叉数据集和合并数据集。此外，我们还介绍了如何修改和更新数据集。针对各种方法，我们还讨论了各自的优缺点。

当数据库数量增加时，数据集的合并操作不可或缺，这可以使数据保持整洁。但该过程也会产生一些问题，因而我们还探讨了数据的索引机制和加密机制。最终，我们将能够使用多个数据集，因为数据很少保存于单个表中。为了进一步提升性能，有必要建立相应的索引机制；而在数据安全性方面，加密机制同样不可或缺。

第 4 章将学习转换过程和函数，以生成各种统计数据和报表。

第 4 章 统计、报表、转换过程和函数

在介绍 SAS 时，我们主要讨论了函数和数据合并。一些内置过程可以帮助我们减少编码工作量并提供一定的灵活性，以便转换数据、生成统计信息、运行统计测试并生成报表。本章将介绍统计报表以及各种基于统计测试的假设测试。另外，转置函数可帮助我们针对各种目的准备数据，如报表和统计测试。

本章将讨论下列过程和函数。

- 过程：
  - Freq。
  - 单变量。
  - 平均值和求和。
  - Corr。
  - REG。
- 函数：
  - 转置。

4.1 Proc Freq

Proc Freq 主要用于生成频率计数，与其他过程相比，区别在于计算卡方测试的能力、关联度量和列联表的一致性。该过程的语法如下。

```
Proc Freq <options>;
  Tables requests < options >;
  By variables;
  Exact statistic-options </ computation-options>;
  Output <OUT = SAS-dataset> options;
  Tables requests </options>;
Test options;
  Weight variable < / option >;
```

接下来将使用 Proc Freq 版本的最简单形式探讨数据集的结果，该数据集包含与学生（Class、Height 和 Weight）相关的信息。

```
Data Class;
Input ID Class $ Height $ Weight $;
Datalines;
1 A Over5.7 Above50 1 0 1
2 A Over5.7 Above50 1 1 0
3 B Over5.7 Below50 1 1 .
4 B Under5.7 Below50 1 1 1
5 A Over5.7 Below50 1 1 1
6 A Over5.7 Above50 1 . 1
;

Proc Freq Data = Customer_X;
Run;
```

运行基本的 Proc Freq 可以帮助我们使用一些基本的统计数据探讨数据集，如图 4.1 所示。

	The FREQ Procedure			
ID	Frequency	Percent	Cumulative Frequency	Cumulative Percent
1	1	16.67	1	16.67
2	1	16.67	2	33.33
3	1	16.67	3	50.00
4	1	16.67	4	66.67
5	1	16.67	5	83.33
6	1	16.67	6	100.00

图 4.1

此外，输出结果中还包含了针对数据集中全部变量的 Frequency、Cumulative Frequency、Percent 和 Cumulative Percent 数字，如图 4.2 所示。

当前数据集中仅包含 3 个变量。相应地，数据集中可能会包含更多的变量，但输出结果很容易失去控制。另外，我们可能希望禁用一些默认的输出内容并添加其他选项。对此，可指定一个单独的语句来探讨这些选项。

```
Proc Freq Data = Class;
Table Class;
Run;
```

其中，Table 语句可确保输出结果仅包含语句中指定变量的 Frequency、Cumulative Frequency、Percentaye 和 Cumulative Percentage 数字。

Class	Frequency	Percent	Cumulative Frequency	Cumulative Percent
A	4	66.67	4	66.67
B	2	33.33	6	100.00

Height	Frequency	Percent	Cumulative Frequency	Cumulative Percent
Over5.7	5	83.33	5	83.33
Under5.7	1	16.67	6	100.00

Weight	Frequency	Percent	Cumulative Frequency	Cumulative Percent
Above50	3	50.00	3	50.00
Below50	3	50.00	6	100.00

图 4.2

4.1.1 交叉表

前述内容分别生成了每个变量的频率。除此之外，Proc Freq 还可生成交叉表或 n-way 表，如下所示。

```
Proc Freq Data = Class;
Table Class*Height;
Run;
```

这将生成如图 4.3 所示的表。

The FREQ Procedure

Table of Class by Height

Frequency Percent Row Pct Col Pct			
Class	Over5.7	Under5.7	Total
A	4 66.67 100.00 80.00	0 0.00 0.00 0.00	4 66.67
B	1 16.67 50.00 20.00	1 16.67 50.00 100.00	2 33.33
Total	5 83.33	1 16.67	6 100.00

图 4.3

至此，我们得到了每个班级 Height 的频率、百分比、行和列百分比统计信息。下面将对此逐一解释。

- Frequency：生成每个输出列的频率。对于 Over5.7，对应 Class A 包含 4 条记录，对应 Class B 包含 1 条记录，总计包含 5 条记录。
- Percent：表示 Class 列除以总数后的频率百分比。具体来说，Class A 为 4/5，Class B 为 1/5，并用百分比表示。
- Row Percentage：不同于上述 Percent 且主要关注行（而非列）。对于 Class A，Over5.7 包含 4 条记录，Under5.7 包含 0 条记录。因此，单元格(1,1)的行百分比是 100.00。
- Col Percentage：与 Row Percentage 相反，单元格(1,1)度量结果的计算方式可描述为 Class A 中 Over5.7 的观察数据数量除以 Over5.7 的全部观察数据数量。

4.1.2 限制 Proc Freq 的输出

在某些情况下，我们可能希望输出结果更加简单。例如，对于 3 向（three-way）交叉表，如图 4.4 所示，下列选项可能更加有用。

```
Proc Freq Data = Class;
Table Class*Height / nocol norow nocum nofreq;
Run;
```

Percent	The FREQ Procedure			
	Table of Class by Height			
		Height	
	Class	Over5.7	Under5.7	Total
	A	66.67	0.00	66.67
	B	16.67	16.67	33.33
	Total	5 83.33	1 16.67	6 100.00

图 4.4

4.1.3 基于控制变量的交叉表

Proc Freq 的实际应用主要体现在生成包含多个变量的 n-way 或交叉表上。下列示例通过包含 Weight 变量引入了一个 3 向交叉表。注意，输出结果被划分为两个表，且第 1 个指定的变量 Class 表示为公共因子。

第 4 章 统计、报表、转换过程和函数

```
Proc Freq Data = Class;
Table Class*Weight*Height / nocol norow nocum nofreq;
Run;
```

这将生成如图 4.5 所示的输出结果。

	The FREQ Procedure			
Percent	Table 1 of Weight by Height			
	Controlling for Class=A			
		Height		
	Weight	Over5.7	Under5.7	Total
	Above50	75.00	0.00	75.00
	Below50	25.00	0.00	25.00
	Total	4 100.00	0 0.00	4 100.00
Percent	Table 2 of Weight by Height			
	Controlling for Class=B			
		Height		
	Weight	Over5.7	Under5.7	Total
	Above50	0.00	0.00	0.00
	Below50	50.00	50.00	100.00
	Total	1 50.00	1 50.00	2 100.00

图 4.5

Proc Freq 语句中的变量顺序在确定交叉表输出的控制变量时十分重要。如果在变量间未设置星号，那么这一行为所产生的输出结果如下。

```
Proc Freq Data = Class;
Table Class Weight*Height / nocol norow nocum nofreq;
Run;
```

这将生成如图 4.6 所示的输出结果。

Class 变量并未与其他变量交互。FREQ procedure 输出了该变量的频率，但在交叉表输出中忽略了该变量。除了变量序列之外，星号对于 Proc Freq 过程也十分重要。

如果希望生成一个频率表和图表，则可使用下列程序。记住，应确保开启 ODS Graphics 选项。

```
Ods graphics on;
Proc Freq Data = Class;
Table Class Weight*Height / plots=FreqPlot;
Run;
```

The FREQ Procedure

Class	Frequency	Percent
A	4	66.67
B	2	33.33

Percent

	Table of Weight by Height		
	Height		
Weight	Over5.7	Under5.7	Total
Above50	50.00	0.00	50.00
Below50	33.33	16.67	50.00
Total	5 83.33	1 16.67	6 100.00

图 4.6

Proc Freq 的功能不仅限于生成频率表和图表。虽然本书并不是一本关于统计模型的书籍，但此处仍会介绍过程是如何帮助我们对某一场景进行分析的。

4.1.4　Proc Freq 和统计测试

假设我们持有人们运动后的受伤数据。对于各种运动，我们了解相关人员是否完成了热身活动，缺乏热身运动可能会导致更加严重的伤害。

```
Data SportsInjury;
Input Activity $ Warmup Injury Count;
Datalines;
Running 1 0 5
Running 0 1 15
Running 1 1 3
Football 1 0 16
Football 1 1 10
Football 1 1 4
Squash 1 0 2
Squash 0 1 10
Squash 1 1 0
Weights 1 0 12
Weights 0 1 6
Weights 1 1 3
Others 0 0 10
;
```

第 4 章 统计、报表、转换过程和函数

这里，我们收集了 Warmup 和 Injury 变量级别上的数据，如下所示。

```
Proc Sql;
  Create table Analyse as
  Select Warmup, Injury, Sum(Count) as Cases
  From SportsInjury
  Group by 1,2;
Quit;

Proc Print Noobs;
Run;
```

这将生成与运动伤害数据相关的输出结果，如图 4.7 所示。

对此，存在以下 4 种可能的场景。

（1）未进行热身活动，未导致伤害（10 次）。

（2）未进行热身活动，导致伤害（31 次）。

（3）进行热身活动，未导致伤害（35 次）。

（4）进行热身活动，导致伤害（20 次）。

下面介绍未进行热身运动与运动伤害之间是否存在统计学意义。此处将运行卡方测试并获取相对风险（Relative Risk）测试的度量结果，如下所示。

```
Proc Freq Data=Analyse;
Tables Warmup*Injury / chisq relrisk;
Weight Cases;
Run;
```

输出结果中的第 1 个表包含了 Warmup 和 Injury 变量的交叉表，如图 4.8 所示。

Warmup	Injury	Cases
0	0	10
0	1	31
1	0	35
1	1	20

图 4.7

Frequency Percent Row Pct Col Pct	Table of Warmup by Injury		
	Injury		
Warmup	0	1	Total
0	10 10.42 24.39 22.22	31 32.29 75.61 60.78	41 42.71
1	35 36.46 63.64 77.78	20 20.83 36.36 39.22	55 57.29
Total	45 46.88	51 53.13	96 100.00

图 4.8

该表类似于前述示例中所看到的输出结果。

图 4.9 显示了卡方测试的统计结果。

我们需要通过 Fisher 精确测试法测试 Warmup 和 Injury 之间的关系。Table of Warmup by Injury 中单元格(1,1)中的输出结果对应于前述各场景顺序。其中一种场景是，未进行热身活动且未受伤害，这种场景出现了 10 次，但这并不是所需的测试场景。无论是否进行热身运动，运动伤害行为将有助于我们验证热身运动这一假设条件。由于 Fisher 精确测试仅测试单元格(1,1)，因而应确保数据已进行适当排序。

因此，需要按照如图 4.10 所示的数据调整测试场景。

Statistics for Table of Warmup by Injury			
Statistic	DF	Value	Prob
Chi-Square	1	14.5288	0.0001
Likelihood Ratio Chi-Square	1	15.0520	0.0001
Continuity Adj. Chi-Square	1	12.9955	0.0003
Mantel-Haenszel Chi-Square	1	14.3774	0.0001
Phi Coefficient		-0.3890	
Contingency Coefficient		0.3626	
Cramer's V		-0.3890	

Fisher's Exact Test	
Cell (1,1) Frequency (F)	10
Left-sided Pr <= F	0.0001
Right-sided Pr >= F	1.0000
Table Probability (P)	0.0001
Two-sided Pr <= P	0.0002

图 4.9   图 4.10

相应地，可根据所需顺序排序数据，随后确保 Proc Freq 保持排序状态。通过向 Proc Freq 语句中添加 Order=Data 选项可获得所需的顺序，如下所示。

```
Proc Sort Data = Analyse;
By Warmup descending Injury;
Run;

Proc Freq Data=Analyse Order=Data;
Tables Warmup*Injury / chisq relrisk;
Weight Cases;
Run;
```

卡方测试统计并不会受到顺序变化的影响。然而，Fisher 精确测试中的输出结果、Odds Ratio 和 Relative Risk 则会因为数据顺序而发生变化，因为 Proc Freq 交叉表已被更改。Proc Freq 输出结果有助于我们理解 Fisher 精准测试中的假设条件，如图 4.11 所示。

下面将在没有进行热身活动的情况下对受伤情况进行测试，如图 4.12 中左侧的测试行为所示。主要测试过程如下。

- ❑ 双尾测试：热身与未热身活动的情况下，受伤的概率是不同的。
- ❑ 左尾测试：在未进行热身活动的情况下，受伤的概率会小一些。
- ❑ 右尾测试：在未进行热身活动的情况下，受伤的概率更大。

Frequency Percent Row Pct Col Pct	Table of Warmup by Injury		
	\multicolumn{3}{c}{Injury}
Warmup	1	0	Total
0	31 32.29 75.61 60.78	10 10.42 24.39 22.22	41 42.71
1	20 20.83 36.36 39.22	35 36.46 63.64 77.78	55 57.29
Total	51 53.13	45 46.88	96 100.00

图 4.11

Fisher's Exact Test	
Cell (1,1) Frequency (F)	31
Left-sided Pr <= F	1.0000
Right-sided Pr >= F	0.0001
Table Probability (P)	0.0001
Two-sided Pr <= P	0.0002

图 4.12

这里，右尾测试似乎更适用于当前的假设条件。由于 p 值较为显著，因而此处接受"未进行热身活动存在更大的受伤风险"这一假设条件。

当某一事件较少出现时，概率比提供了相对风险评估。估计结果表明，在未进行热身活动的情况下，受伤的概率是进行热身活动情况下受伤概率的 5.43 倍，如图 4.13 所示。

Odds Ratio and Relative Risks		
Statistic	Value	95% Confidence Limits
Odds Ratio	5.4250	2.2058 13.3426
Relative Risk (Column 1)	2.0793	1.4071 3.0724
Relative Risk (Column 2)	0.3833	0.2157 0.6810
Sample Size = 96		

图 4.13

然而，较宽的置信界限表明，当前评估结果具有较低的精度。

4.2 Proc Univariate

Proc Univariate 过程可实现多项任务，常用于基于矩（包括偏度和峰度）、分位数或百分位数、频率表和极值的描述性统计，并可针对许多分布类型生成大量的图表和拟合测试优度。

考虑到前面函数处理的是频率表，下面将通过定义类似的函数实现相同的任务。首先使用下列代码生成频率表。

```
ODS Select Frequencies;
```

```
Proc Univariate Data = Analyse Freq;
Var _All_;
Run;
```

这将生成如图4.14所示的输出结果。

The UNIVARIATE Procedure Variable: Warmup			
Frequency Counts			
		Percents	
Value	Count	Cell	Cum
0	2	50.0	50.0
1	2	50.0	100.0

The UNIVARIATE Procedure Variable: Injury			
Frequency Counts			
		Percents	
Value	Count	Cell	Cum
0	2	50.0	50.0
1	2	50.0	100.0

The UNIVARIATE Procedure Variable: Cases			
Frequency Counts			
		Percents	
Value	Count	Cell	Cum
10	1	25.0	25.0
20	1	25.0	50.0
31	1	25.0	75.0
35	1	25.0	100.0

图 4.14

可以看到，我们利用 Proc Univariate 生成了频率。然而，如果频率是主要的分析目标，那么可尝试使用 Proc Freq。如果忽略查询顶部的 ODS Select 选项，我们将得到详细的输出结果。相应地，输出交付系统（Output Delivery System，ODS）存储各种输出结果。通过使用频率，我们请求 ODS 仅输出保存在特定名称下的表。

4.2.1 基本统计和极端观察数据

下列内容显示了一些客户的信用交易，下面通过基本的测算生成相应的输出结果并识别极端观察数据。

```
Data Transactions;
  Input CustId $ Credit;
Datalines;
A2112 234
A2342 532
A2345 345
```

```
A6345 234
B3234 234
B6345 456
C465A 675
D4436 790
E4603 645
F0945 709
F435F 999
H0032 009
;
```

再次说明，这里通过 ODS 功能限制输出结果，以确保仅输出部分内容。

```
ODS Select BasicMeasures Extremeobs;
Proc Univariate Data = Transactions;
Var Credit;
Run;
```

如果包含多个变量，可将其添加至 Var 语句并请求基本统计计算，如图 4.15 所示。这里，极端观察数据针对 Value 和 Obs 来说分为最低值和最高值，如图 4.16 所示。

The UNIVARIATE Procedure Variable: Credit			
Basic Statistical Measures			
Location		Variability	
Mean	488.5000	Std Deviation	287.17733
Median	494.0000	Variance	82471
Mode	234.0000	Range	990.00000
		Interquartile Range	458.00000

图 4.15

Extreme Observations			
Lowest		Highest	
Value	Obs	Value	Obs
9	12	645	9
234	5	675	7
234	4	709	10
234	1	790	8
345	3	999	11

图 4.16

其中，观察数据 11 和 12 表示为异常值。

4.2.2 正态性测试

正态分布是描述数值如何分布的概率函数。大多数观察结果处于中心状态，而极值的概率则均匀分布在两边。正态分布也被描述为钟形曲线。

```
Ods Graphics Off;
Proc Univariate Data = Transactions;
Histogram Credit / normal name='MyPlot';
```

```
Inset n normal(ksdpval) / pos = ne Format = 5.3;
Run;
```

图 4.17 显示了单变量过程的部分输出结果。

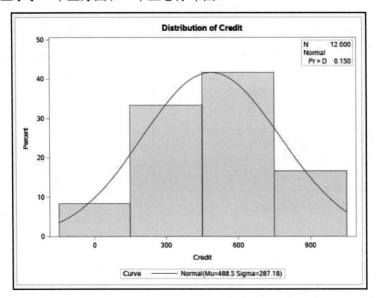

图 4.17

图 4.18 显示了一个直方图和一个正态分布图。

图 4.18

位置测试的 p 值很小，如图 4.19 所示。

由于（Kolmogorov-Smirnov，KS）测试的 p 值大于 0.10，因而零假设（信用呈非正态分布）被拒绝，如图 4.20 所示。

第 4 章 统计、报表、转换过程和函数

Tests for Location: Mu0=0				
Test		Statistic	p Value	
Student's t	t	5.892574	Pr > |t|	0.0001
Sign	M	6	Pr >= |M|	0.0005
Signed Rank	S	39	Pr >= |S|	0.0005

图 4.19

Goodness-of-Fit Tests for Normal Distribution				
Test		Statistic	p Value	
Kolmogorov-Smirnov	D	0.14558169	Pr > D	>0.150
Cramer-von Mises	W-Sq	0.03543167	Pr > W-Sq	>0.250
Anderson-Darling	A-Sq	0.22494717	Pr > A-Sq	>0.250

图 4.20

4.2.3 位置测试

在某些业务问题中，某些利益相关者可能会假设客户的生命周期值等于某个特定数字。对此，可使用 Proc Univariate 测试假设条件。在当前示例中，假定信用交易的均值是 200（这也是当前的假设条件）。下面将运行 3 个位置测试以接受或拒绝这一假设条件。

```
ODS Select TestsforLocation LocationCounts;
Proc Univariate Data = Transactions MU0=200 Loccount;
Var Credit;
Run;
```

3 个测试均包含一个小于 0.05 的较小的 p 值，因而拒绝当前的假设条件（即分布均值为 200），如图 4.21 所示。此类测试的用户需要知道，假设的均值等于 300 时，将无法拒绝零假设。然而，在单变量过程表中可以看到，观察数据的均值为 488.5。因此，"无法拒绝零假设"可能会让我们相信 300 代表了观察数据的真实均值。

图 4.22 显示了大于、不等于和小于 200 的观察数据的计数结果。

The UNIVARIATE Procedure Variable: Credit				
Tests for Location: Mu0=200				
Test		Statistic	p Value	
Student's t	t	3.480056	Pr > |t|	0.0051
Sign	M	5	Pr >= |M|	0.0063
Signed Rank	S	34	Pr >= |S|	0.0044

图 4.21

Location Counts: Mu0=200.00	
Count	Value
Num Obs > Mu0	11
Num Obs ^= Mu0	12
Num Obs < Mu0	1

图 4.22

4.3　Proc Means 和 Proc Summary

在 SAS 的早期版本中，Proc Means 和 Proc Summary 包含不同的特性。在最近的版本中，这两个过程的主要差别如下。

（1）Proc Means 在列表窗口或任何其他打开的输出目的地中输出结果，而 Proc Summary 在默认情况下创建一个数据集。如果缺少输出语句，则无法执行 Proc Summary。

（2）在缺少 Var 语句的情况下，Proc Means 将分析所有数字变量。在相同情况下，Proc Summary 仅生成观察数据的计数结果。

4.3.1　Proc Means

Proc Means 最为简单的形式如下。

```
Proc Means Data = Transactions;
Run;
```

这将生成如图 4.23 所示的输出结果。

The MEANS Procedure			
Analysis Variable : Credit			
N	Mean	Std Dev	Minimum	Maximum
12	488.5000000	287.1773288	9.0000000	999.0000000

图 4.23

此外，还可向分析中添加 Class 变量。

```
Proc Means Data = SportsInjury;
Class Warmup Injury;
Var Count;
Run;
```

这将生成如图 4.24 所示的输出结果。

此外还可添加 By 语句，但数据需要根据 By 变量进行排序。

```
Proc Sort Data = Customer_X;
By Class;
Run;

Proc Means Data = Customer_X;
```

```
By Class;
Class Height;
Var Basketball;
Run;
```

The MEANS Procedure

Analysis Variable : Count

Warmup	Injury	N Obs	N	Mean	Std Dev	Minimum	Maximum
0	0	1	1	10.0000000	.	10.0000000	10.0000000
	1	3	3	10.3333333	4.5092498	6.0000000	15.0000000
1	0	4	4	8.7500000	6.3966137	2.0000000	16.0000000
	1	5	5	4.0000000	3.6742346	0	10.0000000

图 4.24

当显示基本的统计数据时，读者可能已经注意到 Freq、Univariate 和 Means 过程输出结果之间的相似性。图 4.25 显示了 Proc Means By 的输出结果。

The MEANS Procedure
Class=A
Analysis Variable : Basketball

Height	N Obs	N	Mean	Std Dev	Minimum	Maximum
Over5.7	4	3	0.6666667	0.5773503	0	1.0000000

Class=B
Analysis Variable : Basketball

Height	N Obs	N	Mean	Std Dev	Minimum	Maximum
Over5.7	1	1	1.0000000	.	1.0000000	1.0000000
Under5.7	1	1	1.0000000	.	1.0000000	1.0000000

图 4.25

4.3.2　Proc Summary

通过 By Class，Proc Summary 将生成类似的输出结果。

```
Proc Summary Data = Customer_X;
By Class;
Class Height;
Var Basketball;
Output Out=Test N=n Mean=mean STD=stdev Min=min Max=max;
Run;

Proc Print Data=_LAST_ (Drop = _TYPE_ Rename=(_FREQ_=Nobs))
```

```
Noobs;
Where Height ne "";
Run;
```

当输出相应的结果时,我们对输出内容进行了适当的调整,以使其与 Proc Means By 的输出结果对齐,如图 4.26 所示。

Class	Height	Nobs	n	mean	stdev	min	max
A	Over5.7	4	3	0.66667	0.57735	0	1
B	Over5.7	1	1	1.00000		1	1
B	Under5.7	1	1	1.00000		1	1

图 4.26

4.4 Proc Corr

相关性可以定义为多个变量之间的线性关系,并可存在正相关性、负相关性和无相关性 3 种情形,对应值范围为-1~1。当一个变量的值随着另一个变量的值增加而增加时,即存在正相关性;而在负相关性中,当一个变量的值增加时,另一个变量的值将会减少。

相关性通常被视为评估模型(如回归)中变量作用的先导。在下面的例子中,Var 语句包含了多个变量,且被评估为 Stock 变量的预测变量。Date 变量则是一个 ID 变量且未被评估。

```
Proc Corr Data = Model;
ID Date;
With Stock;
Var Basket_Index -- M1_Money_Supply_Index;
Run;
```

Proc Corr 生成了与前述过程输出结果类似的基本统计度量信息,如图 4.27 所示。

Simple Statistics							
Variable	N	Mean	Std Dev	Sum	Minimum	Maximum	Label
Stock	594	4.89662	0.64370	2909	3.43000	5.96000	Stock
Basket_index	594	152.26094	7.26174	90443	139.00000	169.00000	Basket_index
EPS	594	3.75315	0.17546	2229	3.45000	3.97000	EPS
Top_10_GDP	594	2.82684	0.36737	1679	2.10000	3.23000	Top_10_GDP
Global_mkt_share	594	0.19217	0.00136	114.14990	0.18850	0.19330	Global_mkt_share
P_E_ratio	594	18.09549	1.45594	10749	15.23000	20.24000	P_E_ratio
Media_analytics_index	594	196.52357	5.82027	116735	185.00000	209.00000	Media_analytics_index
Top_10_Economy_inflation	594	2.54293	0.21919	1511	2.25000	2.86000	Top_10_Economy_inflation
M1_money_supply_index	594	119.51347	4.47221	70991	112.00000	125.00000	M1_money_supply_index

图 4.27

可以看到，有的变量包含了较高的正相关性（趋向于 1），而有的变量则包含了较高的负相关性（趋向于-1），如图 4.28 所示。

	Basket_index	EPS	Top_10_GDP	Global_mkt_share	P_E_ratio	Media_analytics_index	Top_10_Economy_inflation	M1_money_supply_index
Stock	0.73477	0.84048	0.74627	0.66585	0.58033	0.48898	0.87827	-0.84928
Stock	<.0001	<.0001	<.0001	<.0001	<.0001	<.0001	<.0001	<.0001

Pearson Correlation Coefficients, N = 594
Prob > |r| under H0: Rho=0

图 4.28

注意，当前代码仅测试了相关性，而没有测试显著性。

4.5　Proc REG

本节将测试回归模型中变量的显著性，如下所示。

```
Data Build Validation;
Set Model;
If Date lt '01Dec2017'd then output Build;
Else output Validation;
Run;

PROC REG DATA=build plots=diagnostics(unpack);
ID date;
MODEL stock = basket_index -- m1_money_supply_index;
RUN;
```

可以看到，在回归模型中所使用的观察数据有所减少。在前述相关过程中，我们持有 594 行数据，而当前已经减至 564 行数据。这里，我们将新数据称作构建数据，数据中的最后 30 个已被排除在模型构建过程之外，并被置入验证数据集中，如图 4.29 所示。

The REG Procedure
Model: MODEL1
Dependent Variable: Stock Stock

Number of Observations Read	564
Number of Observations Used	564

Analysis of Variance

Source	DF	Sum of Squares	Mean Square	F Value	Pr > F
Model	8	188.76933	23.59617	540.40	<.0001
Error	555	24.23354	0.04366		
Corrected Total	563	213.00287			

图 4.29

在方差分析（analysis of variance，ANOVA）表中，8个自由度是指8个自变量，这些变量可用于评估预测因变量的参数。总自由度表示方差的来源，通常以 $N-1$ 表示。由于未从建模语句中排除截距（intercept），因而持有 $N-1$（8个自变量-1）+截距，即8个自由度。

ANOVA 表中的误差一般是指评估回归结果时建模人员忽视的内容。然而，如果误差等于0，那么 ANOVA 将不会产生 F 或 P 统计结果，建模人员在运行回归模型之前可能需要收集更多的数据。误差项是指剩余自由度，在当前示例中，剩余自由度为 563-8=555。

ANOVA 中的平方和与模型的方差、误差和校正后的总数有关，而均方是指平方和除以自由度。F 值是通过将均方模型除以均方差进行编译的。当 F 值与 P 值结合使用时，可说明自变量对于因变量预测是否为可靠变量。

建模人员引用的下一个重要的统计数据是 R-Square 的值和调整后的 R-Square。R-Square 值描述了可通过自变量解释的变量蓄积量（stock）中方差的百分比。在当前示例中，方差的 88.59%可通过建模已选的自变量予以解释。随着自变量不断添加到模型中，模型的预测能力一般会随之增加，其中有些增长是偶然发生。为了消除这种机会因素，我们可查看 Adjusted R-Square。无论如何，闭合 R-Square 和 Adjusted R-Square 在模型中可视为一种较好的现象。Adjusted R-Square 可能与 R-Square 存在显著的差异，原因之一在于观察数据的数量较少，而预测变量的数量较多。除此之外，如果两个值差异较大，建模人员应确保对模型进行彻底的检查。较高的 Adjusted R-Square 值在解释模型时是一种较好的现象，但不是建模人员所依赖的唯一度量内容。

参数评估表对于模型构建来说十分重要，且有助于识别用于预测的重要变量，并告知我们在回归方程中所用的参数评估值。然而，一些建模人员往往会忽略诊断图中的观察数据。在接收模型中的结果之前，查看诊断图是十分必要的。当前，我们主要关注参数评估表中的信息，如图 4.30 所示。

可以看到，图 4.30 包含了 6 个变量，且在预测变量存量时表示为统计学显著性变量。所有变量均有 Pr> |t| <0.001。我们可将显著性级别（alpha 级别）设置为 95%或 0.05，以接受或拒绝零假设。这里 6 个显著变量的 p 值均小于 0.05。此处需要检验的零假设是指，解释变量针对股票价格的响应变量缺少足够的解释能力（回归系数假设为 0）。在 6 个变量中，由于 p 值均小于 0.05（当前显著性级别），因而可拒绝零假设条件并得出以下结论，这些变量可用于解释与股价变化的关系。

显著变量每股收益每变化一个单位，股票价格就会变动 1.62607 个单位。每个单位的变化级别由参数评估提供；另外，参数评估也提供了关系的方向。这里，6 个变量中的 3 个变量与股票价格呈负相关，分别表示为市盈率、前 10 个经济体的加权通胀，以及前 10

个经济体 M1 货币供应量的加权指数。建模人员预计市盈率与股价成反比，因为较低的市盈率是投资者希望看到的结果，投资这一类股票将带来更高的回报。因此，市盈率与股价之间的负相关关系是合理的。

Root MSE	0.20896	R-Square	0.8862
Dependent Mean	4.84254	Adj R-Sq	0.8846
Coeff Var	4.31508		

Parameter Estimates						
Variable	Label	DF	Parameter Estimate	Standard Error	t Value	Pr > |t|
Intercept	Intercept	1	-3.02887	4.47183	-0.68	0.4985
Basket_index	Basket_index	1	-0.00550	0.00237	-2.32	0.0206
EPS	EPS	1	1.62607	0.16143	10.07	<.0001
Top_10_GDP	Top_10_GDP	1	0.30274	0.11734	2.58	0.0101
Global_mkt_share	Global_mkt_share	1	102.74845	23.89044	4.30	<.0001
P_E_ratio	P_E_ratio	1	-0.12198	0.01065	-11.46	<.0001
Media_analytics_index	Media_analytics_index	1	0.01452	0.00223	6.51	<.0001
Top_10_Economy_inflation	Top_10_Economy_inflation	1	-1.26989	0.29079	-4.37	<.0001
M1_money_supply_index	M1_money_supply_index	1	-0.12856	0.00805	-15.96	<.0001

图 4.30

在相关性输出结果中，当计算每个变量与股价之间的强度时，仅 M1 货币供应指数变量具有反比关系。然而，在回归模型输出结果中，存在 3 个与股价呈反比关系的显著变量。记住，之前曾提及，相关性无法测试显著性，并且我们并不假设任何自变量或因变量之间的相关关系。进一步讲，相关性仅是两个变量之间的一种度量结果，在衡量两个变量之间关系的强度时，它没有考虑其他变量的影响；而在回归模型中，所有的自变量均尝试共同解释股价变化中所显示的方差。这种不同自变量之间的相互作用不同于相关现象。因此，应该正确看待相关性和回归的输出结果。

截至目前，我们分析了 ANOVA 的输出结果，并研究了参数评估的相关性。此外，我们还强调了不应孤立地解释任何统计数据，还应对诊断图进行适当的评估。接下来将对诊断图予以解释。

图 4.31 显示了股票的残差拟合分布，包括拟合均值和残差值。

具体来讲，拟合均值是指拟合值的分布；而残差图则指残差的分布。残差是根据观测值（实际值）和拟合值（预测值）之间的差值来计算的。在当前模型中，拟合分布大于残差分布，即残差分布小于拟合分布，因而模型可用。残差形状越平坦或水平程度越高，较好的拟合分布概率也就越大。

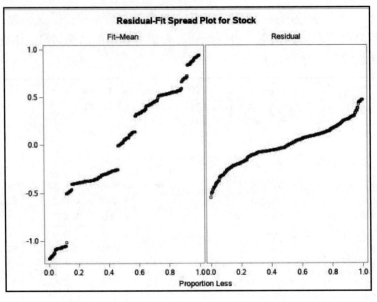

图 4.31

残差的 Q-Q 图展示了分位数底部和顶部的一些观察数据，这些分位数具有较高的残差且不包含拟合值，如图 4.32 所示。

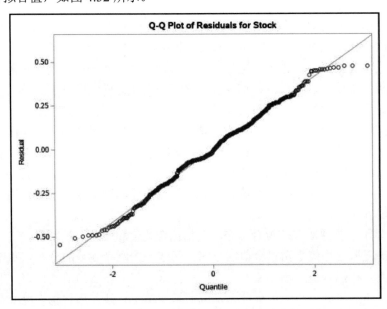

图 4.32

当股价较低时，模型在某些情况下对股价的预测有所不足；而股价处于较高水平时，在某些场合下模型对股价又预测过高。这也是建模人员记录下来的观察数据，以防止这一偏差通过构建替代模型而被克服。

残差呈正态分布，且并未观察到特别明显的偏度。预测图中的残差表明，当股价在4.80~4.90美元时，预测的观察数据的残差较高。除此之外，该预测图也重申了之前的观察数据，也就是说，当处理较高的股价时，模型对股价进行了过度预测，超过5.50美元股价的大多数残差均为负值。

对于建模人员来说，确定残差分布是否可接受是十分重要的。有些时候，这是一类主观判断，对分布的接受程度因业务问题而有所不同。回归的一个主要假设条件是残差呈正态分布。通过查看Q-Q图，可以说该假设条件在当前情况下成立，如图4.33所示。

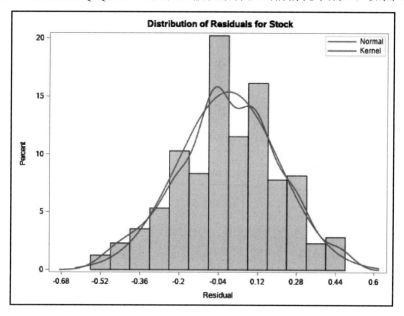

图 4.33

回归的另一个主要假设条件是，残差不应形成任何模式。当查看股票图表中预测的残差时，残差似乎没有形成任何特定的模式。因此，这一回归假设条件对于当前模型来说也是成立的，如图4.34所示。

本书仅着重介绍了Proc Reg的部分关键内容。值得一提的是，用户可生成保留样本的分值。其中，保留样本包含一个月的观察数据。有时，在构建模型时可能会过度拟合数据。较为理想的状态是，持有一个可拟合模型的保留样本。使用观察数据判断预测的准确程度是一种较好的做法。与模型中的构建内容相比，保留样本不应太短或过于长远。例如，我们不能使用近 3 年数据构建的每日股价模型帮助我们预测未来 3 年的趋势。当前模型仅实现了提前一天的预测行为，并将其用作保留样本，这对于模型来说过于"宽松"，且不会通过适当的数据尺寸检查其实际用途。

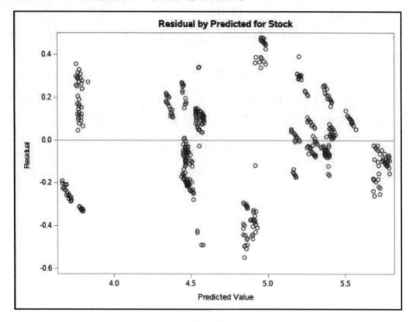

图 4.34

我们把当前模型参数写入 REGOUT 数据集。当前，我们已将保留数据存储至 validation 表中。回归方程用于生成对该数据集的预测结果。

```
PROC SCORE Data=validation Score=REGOUT Out=RSCOREP
Type=PARMS;
Var basket_index eps p_e_ratio global_mkt_share
media_analytics_index m1_money_supply_index top_10_gdp;
RUN;

Proc Print Data = RSCOREP (Keep = Date Stock Model1
Rename = (Model1=Predicted_Stock_Value));
Run;
```

RSCOREP 表的部分输出内容显示了如何使用分值针对保留/验证样本生成股票价格的预测值，如图 4.35 所示。

第 4 章 统计、报表、转换过程和函数

Obs	Date	Stock	Predicted_Stock_Value
1	12/01/2017	5.85	5.82231
2	12/02/2017	5.85	5.78811
3	12/03/2017	5.85	5.78811
4	12/04/2017	5.86	5.80179
5	12/05/2017	5.87	5.83599
6	12/06/2017	5.87	5.80179
7	12/07/2017	5.87	5.80179
8	12/08/2017	5.87	5.77443
9	12/09/2017	5.87	5.81547
10	12/10/2017	5.88	5.79495

图 4.35

4.6 Proc Transpose

前述内容讨论了如何利用过程进行统计分析。作为数据用户，数据的水平至垂直间的转换或者列和行之间的重组是一项重要的操作步骤。该步骤对于构建建模数据集的输入或作为输出，进而生成报告或展示洞察结果是十分必要的。对此，可能需要转换全部变量或部分变量。另外，这也是以分组方式表示变量的一种较为有效的方式，且无须执行任何数学上的聚合操作。

下面将通过以下数据集中的变量学习转置机制。

```
Data Base;
Input CustID Year Avg_Credit Avg_Debit Spend_Indicator $;
Datalines;
1010 16 235 245 R
1010 17 230 220 A
1010 18 235 200 G
1010 19 254 220 G
1011 16 653 650 A
1011 17 650 610 G
1011 18 640 620 G
1011 19 650 656 A
1012 16 569 569 R
1012 17 560 550 G
1012 18 550 550 R
1012 19 450 400 G
;
```

初始时将仅使用两个变量,且无须任何参数运行 Proc Transpose。

```
Data Base_Narrow (Keep = CustID Year);
Set Base;
Where CustID=1010;
Run;
```

这将生成如图 4.36 所示的输出结果。

接下来将通过一个参数调用 Proc Transpose,并于其中生成新的输出数据集。在该阶段,无须覆写输入数据集。

```
Proc Transpose Data = Base_Narrow Out=Wide;
Run;
```

这将生成如图 4.37 所示的输出结果。

Obs	CustID	Year
1	1010	16
2	1010	17
3	1010	18
4	1010	19

图 4.36

Obs	_NAME_	COL1	COL2	COL3	COL4
1	CustID	1010	1010	1010	1010
2	Year	16	17	18	19

图 4.37

该过程从列至行转换了数据集中的两个变量。记住,Proc Transpose 在缺少任何参数时将执行默认转换,但仅针对数字变量。

下面向 Proc Transpose 中添加 Base 数据集中的另一个变量和一些参数。

```
Data Base_Narrow (Keep = CustID Year Avg_Credit);
Set Base;
Run;
```

这将生成如图 4.38 所示的输出结果。

多变量面临的挑战不仅限于如何转换变量,更大的问题在于可视化重塑后的数据应该是什么样的。输出结果应具备较为直观的含义,其形式应易于理解和分析见解,或者作为进一步统计分析的输入内容。

```
Proc Transpose Data = Base_Narrow Out=Wide;
By CustID;
ID Year;
Var Avg_Credit;
Run;
```

这将生成如图 4.39 所示的输出结果。

CustID	Year	Avg_Credit
1010	16	235
1010	17	230
1010	18	235
1010	19	254
1011	16	653
1011	17	650
1011	18	640
1011	19	650
1012	16	569
1012	17	560
1012	18	550
1012	19	450

图 4.38

CustID	_NAME_	_16	_17	_18	_19
1010	Avg_Credit	235	230	235	254
1011	Avg_Credit	653	650	640	650
1012	Avg_Credit	569	560	550	450

图 4.39

如前所述，变量 By 表示为一个分组变量，当前数据已按照变量 By 事先排序完毕。ID 变量用于指定一个变量，其格式化后的值用于命名转换后的变量。ID 变量不可包含重复值，否则可使用 Data 语句中的 LET 参数强制 Proc Transpose 忽略重复值，进而防止该过程显示警告消息或终止执行过程。相反，这里将看到一条警告消息，但对应值被转置。其中，Var 语句指定转置的变量，自动生成的_NAME_变量则用于指定被转置的变量名。

至此，我们已经实现了转置操作。但对于新形成的列，变量的命名过程并不直观。另外，_NAME_变量也是重复的。或者，也可通过下列方式显示数据。

```
Proc Transpose Data = Base_Narrow Out=Wide (Drop =_NAME_)
    Prefix=Year;
By CustID;
ID Year;
Var Avg_Credit;
Run;

Title Height = 8pt "Average Credit of Customers Across Years";
Proc Print Noobs;
Run;
```

这将生成如图 4.40 所示的输出结果。

Average Credit of Customers Across Years				
CustID	Year16	Year17	Year18	Year19
1010	235	230	235	254
1011	653	650	640	650
1012	569	560	550	450

图 4.40

图 4.40 所示为基于 Prefix 的 Proc Transpose 输出结果。

4.7 本章小结

本章讨论了如何使用内建过程实现统计分析。此外还简要介绍了如何转置数据，在获取统计分析或报告显示数据之前，这可视为一个较为重要的操作步骤。另外，我们还探讨了如何使用这些过程的一些输出结果实现一个共同的目标，如生成频率。过程的混合应用有助于生成基本的统计数据。同时，本章还通过 REG 过程尝试构建模型。虽然学习建模并不是本书的主要目标，但相关示例有助于执行必要的数据转换和编写模型代码。

第 5 章将学习高级编程技术，即 SAS 中的宏。

第 3 部分

高级编程

这一部分将在较高的级别上进行程序设计,其间将介绍大量的函数以简化复杂的编程任务,并讨论宏这一概念,以使读者能够编写自己的宏。

这一部分主要包含以下章节。
- 第5章,高级编程技术:SAS宏。
- 第6章,函数、选项和自动变量。

第 5 章　高级编程技术：SAS 宏

前述内容介绍了循环这一概念。循环可帮助我们以快速、高效的方式执行重复性任务。相应地，宏可以完成以下操作。
- 复用代码。
- 在一个实例中指定一个值，并在多个实例中使用该值。
- 执行数学和逻辑操作，并让宏自己使用此类信息。

那么，是否应一直编写宏？答案是否定的，编写宏具有一定的挑战性。宏所执行的任务越多，编码过程也就越复杂。

本章主要涉及以下主题。
- 宏和宏定义。
- 宏变量处理机制。
- 宏解析跟踪机制。
- 比较位置和关键字参数。
- 数据驱动编程。
- 编写高效的宏。

5.1　宏定义

在通用语言中，我们将宏称作宏指令，并可视为一种文本替代方法。宏指令主要包含两个组成部分。

（1）宏处理器：执行任务的指令部分。

（2）宏语言：与处理器通信的语法。

宏通常用作宏变量或宏定义。对于前者，一个或多个变量可从用户输入中接收值；或者也可基于某些语句的数学或逻辑解析。宏定义可包含多项任务，并由用户调用。

在开始编写宏之前，应注意某些相关事宜，以避免过早地陷入编程细节，而非高效地交付目标任务。

- 宏无法替代常规的编程机制。程序设计中实现的某些任务是非重复性的，因而无须采用宏这一简单形式进行编写。在上述情况下，应避免使用宏。
- 不要尝试构建"可解决一切问题"的宏，这可能并不是业务需求。有时，分析师希望构建这样的宏，以供后续任务使用或参考。除此之外，还应权衡构建包含具体任务目标的宏所需的时间。这一类宏的主要缺点是版权问题，若分析师离职，那么可能无权持有这一段代码。

- 宏难以调试。某些时候，与复用别人的宏相比，编写自己的宏可能更加简单。
- 将宏划分为多个子宏。无须将全部功能置于一个宏中，可编写执行不同任务的多个宏。
- 通过 SAS 函数，可方便地实现所需目标。实际上，SAS 函数是预先编写的宏，经打包后供用户使用。函数是否可替代宏或者在宏操作中提供某种帮助，这些内容应引起我们足够的重视。

5.2 宏变量处理机制

本节介绍宏处理机制的工作方式。第 1 章曾讨论了表创建过程、编译器和执行过程。宏处理与编译阶段相关。宏处理整体始于之前讨论的输入缓冲区阶段。前述内容并未对单词扫描器进行详细介绍。单词扫描器是一个组件，并可查看输入缓冲区中的字符，进而将其划分为多个标记。这里，标记类似于原子，是保存于 SAS 处理引擎中的最小信息片段，而划分这些信息的过程称作标记化。单词扫描器负责确定每个标记应发送至 SAS 处理机制的哪一个部分。

标记类型包括以下内容。

- 字面值：用单引号或双引号括起来的字符串。
- 名称：始于下画线或字母、随后是字母的字符串。另外，名称可以以下画线结束。
- 数字：数字或日期/时间值，以及十六进制数字。
- 特殊字符：除对 SAS 系统具有直观含义的字母、数字或下画线以外的字符。

下面查看下列程序的标记化过程。

```
%Let File = Class;
Data New;
Set &File;
New_Weight=Weight*1.1;
Run;
```

在后续标记化描述中，我们可能会使用符号表。该表由 SAS 在每个会话开始时创建，并在其内存中保存自动和全局宏变量。在 SAS 会话期间，之前分配的宏变量值将保存在符号表中。

图 5.1 显示了 SAS 宏变量的处理步骤。

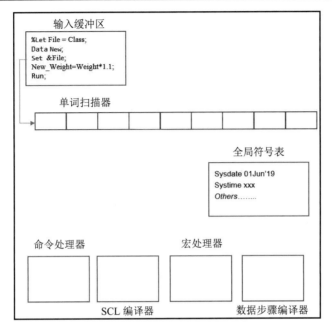

图 5.1

在图 5.1 中，我们并未初始化单词扫描器的各项动作。另外，本章并不打算深入讨论命令处理器和 SCL 编译器。前述章节在介绍 PDV 的部分已经讨论了数据步骤编译器。下面查看单词扫描器如何对程序进行处理，如图 5.2 所示。

图 5.2 中的宏处理器解释了命名宏变量的语法。其中，符号%将触发宏处理器的实际动作。宏处理器将宏变量值发送至符号表中。除了全局声明的 SAS 默认宏，符号表当前还包含一个名为 File 的宏变量，其值为 Class。

在图 5.3 中可以看到，数据步骤编译器已处于激活状态，并包含 SAS 命令。当符号&传递至宏处理器时，数据编译器会停止对命令的处理。

在图 5.4 中可以看到，单词处理器结束了处理过程，数据编译器已经解析了宏变量的全部引用，输入缓冲区读取处于空状态。这就完成了对已提交的 SAS 命令的处理。

宏涵盖多种特性，读者应对此有所了解。

❑ 不存在显式的宏变量长度。
❑ 最大允许长度为 32000 个字符。
❑ 宏从作为宏变量传递的参数中获得其长度。
❑ 宏仅存储字符。
❑ 可以将存储在宏变量中的字符评估为数字。
❑ 存在两种类型的宏变量，即用户定义变量和自动变量。

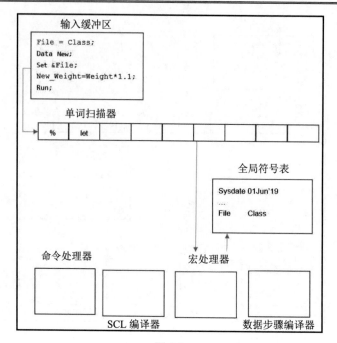

图 5.2

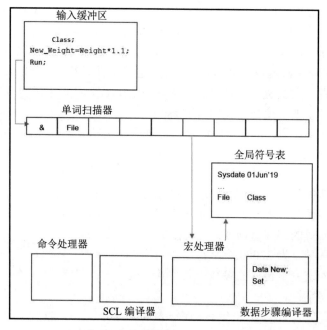

图 5.3

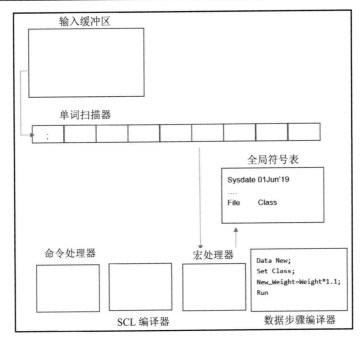

图 5.4

前述内容已展示了用户定义变量和自动变量的相关示例。当宏变量在宏定义外部定义时，宏变量存储为全局宏变量。当宏变量在宏语句（以%macro 开始并以%mend 结束）中指定时，该变量仅对本地 SAS 会话可用，并存储为本地符号表。

SAS 已经包含了全局宏变量。SAS 创建的全局宏变量（也称作自动宏变量）可通过&符号加以引用。表 5.1 列出了部分自动宏变量。

表 5.1

自动宏变量	描 述
&sysdate	包含了 SAS 作业或会话开始执行的日期，格式为 01Jan19
&sydate9.	包含了 SAS 作业或会话开始执行的日期，格式为 01Jan2019
&sysday	包含了 SAS 作业或会话开始执行的星期日期
&systime	包含了 SAS 作业或会话开始执行的时间
&syslast	包含了最近创建的 SAS 数据文件名称
&syshostname	包含了计算机的主机名
&sysncpu	包含了 SAS 计算的当前可用处理器数量
&sysbuff	包含作为宏参数值提供的文本
&syserr	包含某些 SAS 过程和 DATA 步骤设置的一个返回代码状态

续表

自动宏变量	描 述
&sysindex	包含在当前 SAS 作业中已经开始执行的宏的数量
&sysinfo	包含某些 SAS 过程提供的返回代码
&sysnobs	包含了从最后一个数据集中读取的观察数据,该数据集由上一个过程或 DATA 步骤关闭
&sysrc	返回一个与错误条件对应的值
&sysuserid	包含当前 SAS 进程的用户 ID
&sysver	提供 SAS 软件的版本号
&sysvlong	除了版本号,还提供了 SAS 软件的维护级别
&syswarningtext	SAS 日志生成的最后一条警告消息
&sysdevic	当前图形设备的名称
&sysdmg	返回代码,以反映对损害的数据集所采取的操作
&sysfilrc	返回 FILENAME 语句设置的代码
&sysparm	SYSPARM = system 选项指定的值
&syslibrc	返回 LIBNAME 语句设置的代码
&sysjobid	当前批处理作业或用户 ID 的名称
&sysenv	前景或背景指示器

下面尝试利用在宏定义中创建的宏变量介绍全局和局部宏变量之间的差异。

```
Data Class;
  Input ClassID $ Year Age Height Weight;
  Datalines;
A1234 2013 8 85 34
A2323 2013 9 81 36
B3423 2013 8 80 31
B5324 2013 9 70 35
C2342 2013 9 80 31
D3242 2013 9 85 30
A1234 2019 14 105 64
A2323 2019 15 101 66
B3423 2019 14 100 61
B5324 2019 15 90 55
C2342 2019 15 112 70
D3242 2019 14 112 70
;

  %macro demo(File=);
```

```
  Data New;
    Set WORK.&File;
    New_Weight=Weight*1.1;
  Run;

%mend;

%demo(File=Class);

Data New;
  Set &File;
  New_Weight=Weight*1.1;
Run;
```

通过首、尾的%macro 和%mend 语法，我们构建了一个宏。该语法十分重要，并通知宏处理器需要在这两个语法之间的代码行中解释程序。这里，我们并没有使用%let 语法定义一个宏变量，而是使用了一个方法并仅在调用宏时声明宏变量值。该实例中的宏称作 demo。在调用宏之前，我们仅运行了宏定义，这一过程称作宏编译。

当调用宏并运行后续程序时，我们将得到下列 LOG。当前程序在宏内部和外部均保持一致，唯一的差别在于宏变量仅针对宏加以声明。

```
73 %macro demo(File=);
74
75 Data New;
76 Set WORK.&File;
77 New_Weight=Weight*1.1;
78 Run;
79
80 %mend;
81
82 %demo(File=Class);

NOTE: There were 19 observations read from the data set SASHELP.CLASS.
NOTE: The data set WORK.NEW has 19 observations and 6 variables.
NOTE: DATA statement used (Total process time):
      real time  0.00 seconds
      cpu time   0.01 seconds
```

可以看到，宏变量赋值成功，并且宏中的程序按预期方式运行。但是，当宏外部的相同程序试图引用该宏变量时，并没有找到该宏变量，如下所示。

```
84 Data New;
```

```
85 Set &File;
               _
              22
              200
WARNING: Apparent symbolic reference FILE not resolved.
ERROR: File WORK.FILE.DATA does not exist.
ERROR 22-322: Syntax error, expecting one of the following: a name, a quoted
string, ;, CUROBS, END, INDSNAME, KEY, KEYRESET, KEYS,
         NOBS, OPEN, POINT, _DATA_, _LAST_, _NULL_.

ERROR 200-322: The symbol is not recognized and will be ignored.

86 New_Weight=Weight*1.1;
87 Run;

NOTE: The SAS System stopped processing this step because of errors.
WARNING: The data set WORK.NEW may be incomplete. When this step was
stopped there were 0 observations and 2 variables.
WARNING: Data set WORK.NEW was not replaced because this step was stopped.
NOTE: DATA statement used (Total process time):
      real time 0.00 seconds
      cpu time 0.00 seconds
```

具体原因可解释为，对应的宏变量以局部宏变量的方式存储，而非全局宏变量。

5.3 宏解析跟踪机制

在上述示例中，在运行宏定义时可创建一个 New 数据集。然而，宏变量的值并未写入 LOG。这是一个单一宏变量的实例。在实际操作过程中，大多数宏可能包含多个嵌套宏，每个嵌套宏中都有许多宏变量。在这种情况下，宏变量解析（resolution）十分有用。对此，可添加一个 %PUT 语句。

```
%Let File = Class;

Data New;
  Set &File;
  New_Weight=Weight*1.1;
Run;

%PUT The resolution of macro variable File is &File;
```

```
The %PUT statement helps write the resolution of the macro variable File
to the LOG. Below is the message in the LOG.

NOTE: There were 19 observations read from the data set SASHELP.CLASS.
NOTE: The data set WORK.NEW has 19 observations and 6 variables.
NOTE: DATA statement used (Total process time):
      real time 0.00 seconds
      cpu time 0.00 seconds
79
80 %PUT The resolution of macro variable File is &File;
The resolution of macro variable File is Class
```

%PUT 语句并不需要是 DATA 或 PROC 步骤中的一部分内容，仅用于在 LOG 中显示宏变量的解析。当与%PUT 结合使用时，表 5.2 中的选项同样十分有用。

表 5.2

选 项	功 能
ALL	列出全部宏变量
AUTOMATIC	列出全部自动宏变量
GLOBAL	列出全部用户定义的全局宏变量
LOCAL	在当前执行的宏中，列出全部用户定义的局部宏变量
USER	列出全部用户定义的宏变量

除此之外，我们还将探究其他一些选项，如 MLOGIC、MPRINT 和 SYMBOLGEN。下面将调用之前编译的演示宏并研究 LOG。

```
Options MLOGIC;
%demo(File=Class);

The LOG produced is below.

75 %demo(File=Class);
  MLOGIC(DEMO): Beginning execution.
  MLOGIC(DEMO): Parameter FILE has value Class

  NOTE: There were 19 observations read from the data set SASHELP.CLASS.
  NOTE: The data set WORK.NEW has 19 observations and 6 variables.
  NOTE: DATA statement used (Total process time):
       real time 0.00 seconds
       cpu time 0.00 seconds

  MLOGIC(DEMO): Ending execution.
```

此处并未编写%PUT 语句，较好的做法是在尝试解析多个宏变量时使用 MLOGIC 选项。MLOGIC 选项将 FILE 参数值写入 LOG。在 LOG 中，MLOGIC 解析采用 MLOGIC 单词作为前缀。如果 MLOGIC 生效且宏处理器遇到宏调用，那么宏处理器将显示相关消息并标识下列内容。

- 宏执行的开始部分。
- 调用处的宏参数值。
- 每个宏定义语句的执行。
- 每个%IF 条件是否为 true 或 false。
- 宏执行的结束部分。

MLOGIC 选项将宏解析写入 LOG。MPRINT 选项将利用分配至宏变量中的值替换程序中的宏变量。

```
Options MPRINT;
%demo(File=Class);

MPRINT(DEMO): Data New;
MPRINT(DEMO): Set SASHELP.Class;
MPRINT(DEMO): New_Weight=Weight*1.1;
MPRINT(DEMO): Run;

 NOTE: There were 19 observations read from the data set SASHELP.CLASS.
 NOTE: The data set WORK.NEW has 19 observations and 6 variables.
 NOTE: DATA statement used (Total process time):
       real time 0.00 seconds
       cpu time 0.00 seconds
```

可以看到，在宏变量解析后，&File 语法被 CLASS 文件名替换。

当查找与宏变量结果相关的独立语句时，MLOGIC 可视为最佳选项，否则也可尝试使用 MPRINT 选项。

```
Options SYMBOLGEN;
%demo(File=Class);


SYMBOLGEN: Macro variable _SASWSTEMP_ resolves to
/folders/myfolders/.sasstudio/.images/e67748fb-709a-4652-bc7f-e969ca8431d8
SYMBOLGEN: Some characters in the above value which were subject to macro
quoting have been unquoted for printing.
SYMBOLGEN: Macro variable GRAPHINIT resolves to
72
73  Options SYMBOLGEN;
```

```
74
75 %demo(File=Class);
SYMBOLGEN: Macro variable FILE resolves to Class
  NOTE: There were 19 observations read from the data set SASHELP.CLASS.

  NOTE: The data set WORK.NEW has 19 observations and 6 variables.
  NOTE: DATA statement used (Total process time):
        real time   0.00 seconds
        cpu time    0.00 seconds

76
77 OPTIONS NONOTES NOSTIMER NOSOURCE NOSYNTAXCHECK;
SYMBOLGEN: Macro variable GRAPHTERM resolves to
 89
```

SYMBOLGEN 系统选项通过将消息写入 SAS 日志来通知每个宏变量解析的内容。该选项在查找引号问题时十分有用。其中，由于特殊字符，宏变量往往被解析为与期望结果相同的内容。除此之外，当解码由&&指定的宏变量时，该选项同样十分有用。

有些时候，将宏变量解析存储至一个外部文件中也十分方便。例如，可将 MPRINT 的输出结果存储到一个外部文件中，对应的语句如下。

```
options mprint mfile;
filename mprint 'TEMPOUT';
```

需要注意的是，SAS 版本和系统访问限制可能会禁用所选位置的文件存储功能。

5.4 宏定义处理机制

在了解了宏及其调试机制后，接下来将介绍宏定义的解析处理过程，就像我们之前所介绍的宏变量那样。

宏定义的通用语法如下。

```
%macro macroname;
set of code statements;
….
%mend macroname;
```

正如前述 DEMO 宏定义示例所展示的那样，无须在%mend 语句中指定宏定义名称。这里，我们将通过添加一个排序选项调整当前宏定义，并将这一新定义称作 DEMO_SORT。虽然我们并未在%mend 闭合语句中包含宏定义名称，但这可是一种较好的编码习惯。作为一名编码人员，当嵌套宏定义时，使用包含%mend 的宏定义有助于跟踪每个宏定义的开始和结束部分。

宏定义步骤是一个迭代过程，因此我们将对宏定义的编译过程进行适当的总结。这里，理解帮助我们编译宏定义的所有组件之间的接口十分关键。读者可能已经注意到，当前持有一个局部符号表和一个全局符号表。这偏离了本章之前所讨论的宏变量处理过程。

在宏变量处理过程中，曾在数据步骤中声明了宏变量，因而该变量作为全局宏被分配。这里，宏变量在一个宏定义中被定义，因此将其分配到局部符号表中，如图 5.5 所示。

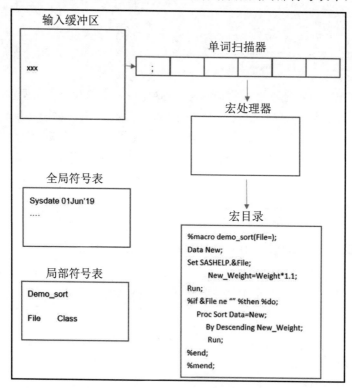

图 5.5

在初始阶段，单词扫描器将检查输入缓冲区并查找后跟一个非空字符的%，这将触发宏处理器。该选项宏处理器读取%demo_sort，打开 SASMACR 目录，创建一个局部符号表并将一个空值赋予 File。宏处理器从输入缓冲区中移除宏调用标记，并在局部符号表中输入 File 值。

随后，宏处理器等待单词扫描器，并标记其余的宏定义。宏处理器将持续向编译器发送命令，直至遇到&符号，随后将&file 发送至宏处理器中。这是一个在输入缓冲区、单词扫描器、宏处理器和编译器之间进行的持续迭代过程，需要注意的是，在之前的示例中，我们并未给在宏定义中定义的 File 宏变量指定任何值。因此，局部符号表不会对此保存任何值。

提示：
作为一种较好的编码实践，应将不同的名称赋予 SAS 会话中的宏变量或宏定义。在会话的早期，我们可能利用不同的值命名了一个全局宏变量，这一点很容易忘记。即使启用了调试选项，我们也可能忽略了这一点。

5.5 比较位置和关键字参数

截至目前，本章使用的关键字参数都用宏定义。在该方法中，我们使用了包含等号的参数名称，并于随后指定该参数值——这将在宏定义编译和调用阶段完成。

此外，我们还可使用位置参数。在这种方法中，参数名称在编译阶段提供，而值则在调用阶段提供。这里，提供值的顺序在包含位置参数的宏定义中十分重要。

```
OPTIONS MLOGIC;

%macro demo_sort(File, Variable);
  Data New;
    Set WORK.&File;
    New_Weight=&Variable*1.1;
  Run;

  %if &File ne "" %then
    %do;

      Proc Sort Data=New;
        By Descending New_Weight;
      Run;
    %end;
%mend;

%demo_sort (Weight, Class);
%demo_sort (Class, Weight);

This produces an error.

MLOGIC(DEMO_SORT): Beginning execution.
```

```
MLOGIC(DEMO_SORT): Parameter FILE has value Weight
MLOGIC(DEMO_SORT): Parameter VARIABLE has value Class
ERROR: File SASHELP.WEIGHT.DATA does not exist.

NOTE: The SAS System stopped processing this step because of errors.
```

这里,我们希望采用与前述示例相同的方式使用 SASHELP 中的 CLASS 数据集。此时,宏定义中的唯一变化是定义了一个宏变量,而非指定变量名称。因此,我们需要提交宏的两个值。虽然已经赋予了正确的变量值,但指定顺序却是错误的。当提交位置参数宏定义时,正确的顺序如下所示。

```
%demo_sort(Class,Weight);
```

这将在 LOG 中写入下列消息。

```
MLOGIC(DEMO_SORT): Beginning execution.
MLOGIC(DEMO_SORT): Parameter FILE has value Class
MLOGIC(DEMO_SORT): Parameter VARIABLE has value Weight

NOTE: There were 19 observations read from the data set SASHELP.CLASS.
NOTE: The data set WORK.NEW has 19 observations and 6 variables.

MLOGIC(DEMO_SORT): %IF condition &File ne "" is TRUE
```

5.6 数据驱动型编程

虽然存在多种编程风格,但数据驱动型编程最具通用性,并可在数据值上调整编程流和数据结果。相应地,CALL SYMPUT 是驱动型编程中较为重要的内建宏函数之一,并将数据步骤中生成的值分配到一个宏变量中。

SYMPUT 可以帮助创建宏变量(如果不存在),并在执行时向宏变量赋值。因此,在尝试引用 CALL SYMPUT 生成的宏变量时,应格外小心,因为宏变量仅在宏执行期间被赋值。所以,在通过 SYMPUT 创建宏变量的同一程序中,不能使用宏变量引用检索宏变量的值。在引用全局语句(位于当前程序之后)中的值之前,必须存在一个步骤边界语句强制执行 DATA 步骤。这里,边界可以是一个 RUN 语句,或者是另一个 DATA 或 PROC 语句。

SYMPUT 将宏变量置于局部非空符号表中。如果符号表包含下列内容则处于非空状态。

- ❑ 一个值。
- ❑ 计算后的%GOTO(计算后的%GOTO 包含%或&,并解析为一个标记)。

❑ 宏调用时创建的&SYSPBUFF宏变量。

然而，在3种情况下，SYMPUT会在局部符号表中创建变量，即使该符号表为空。

（1）自版本8起，如果SYMPUT在Proc SQL之后使用，变量将在局部符号表中被创建。

（2）如果一个执行过程中的宏包含一个计算后的%GOTO语句，并使用SYMPUT创建了一个宏变量，那么变量将在局部符号表中被创建。

（3）如果一个执行过程中的宏使用&SYSPBUFF和SYMPUT创建了一个宏变量，那么该宏变量将在局部符号表中被创建。

Class数据集包含了2013年和2019年学生的年龄、身高和体重的记录。下面将查找这两年内身高最高的学生。另外，身高最高的学生也应该是班里年龄最小的学生。

```
OPTIONS MPRINT;
%macro data_driven;
  Proc Sort Data=Class Out=Sorted;
    By Descending Year Age Descending Height;
  Run;

  Data First;
    Set Sorted;
    By Descending Year Age Descending Height;

    If First.Year and First.Height then
      output First;
  Run;

  Data _NULL_;
    Set First;

    If Year eq 2019 then
      call symput("Tallest_2019", ClassID);

    If Year eq 2013 then
      call symput("Tallest_2013", ClassID);
    *Test_Call_Symput=&Tallest_2019;
    *Test to see if the macro variable can be referenced;
  Run;

  Proc Print Data=Class Noobs;
    Where Year=2019 and ClassID="&Tallest_2019";
    Title "Youngest and Tallest Child in Current Year who weighs the
```

```
least";

  Proc Print Data=Class Noobs;
    Where Year=2013 and ClassID="&Tallest_2013";
    Title "Youngest and Tallest Child in 2013 Year who weighs the least";
  Run;

%mend data_driven;

%data_driven;
```

上述宏定义在执行时会出现故障——创建 Test 变量时会出现错误。宏定义引用了一个在执行前由 CALL SYMPUT 定义的宏变量。当移除了生成 Test 变量的语句后，将得到如图 5.6 所示的输出结果。

Youngest and Tallest Child in Current Year who weighs the least

ClassID	Year	Age	Height	Weight
D3242	2019	14	112	70

图 5.6

其中显示了该年度年龄最小、身高最高且体重最轻的学生。

5.7 利用自动全局宏变量

作为一名程序员，应尽可能地了解多个自动全局变量。这是一项艰巨的任务，但其中也存在一些较为常用的变量。当使用自动全局变量 SYSDAY 时，我们将尝试针对销售总监生成两种类型的报表。具体来说，在一周的中间，我们将生成详细的报表；而在周末，我们将生成一个周汇总报表。

我们将生成包含日期、商品名称和销量（以千件计算）的新 Sales 数据集。当尝试复制后续页面中的输出结果时，可更改相应的日期条件，因为下列代码仅在宏运行日期为 Wednesday 或 Friday 时生成输出结果。

```
Data Sales;
  Input SaleDate Date9. Product $ Sales;
  Format SaleDate Date9.;
  Datalines;
01Aug2019 Med1 56
02Aug2019 Med2 45
```

```
02Aug2019 Med3 48
05Aug2019 Med2 56
05Aug2019 Med3 55
06Aug2019 Med1 67
07Aug2019 NA   0
08Aug2019 Med1 54
09Aug2019 Med1 45
12Aug2019 Med2 50
13Aug2019 Med1 45
13Aug2019 Med3 53
14Aug2019 Med2 67
15Aug2019 NA   0
16Aug2019 Med2 45
;
```

我们将指定调试选项进而查看数据流的工作方式。下列宏定义展示了宏环境中的 if...then 条件逻辑。

```
%macro dual_reporting;
Data Sales_Week;
  Set Sales;
  Week=Week(SaleDate);
Run;

%if &sysday eq Tuesday %then
  %do;
    Title 'Mid Week Detailed Sales Report';

    Proc Print Data=Sales_Week;
      By Week;
    Run;

  %end;

%if &sysday eq Tuesday %then
  %do;
    Title 'End of Week Sales Report Summary';

    Proc Tabulate Data=Sales_Week;
      Class Product Week;
      Var Sales;
      Table Product, Week, Sales;
    Run;
```

```
    %end;
%mend dual_reporting;
```

当在 Wednesday 上运行%DUAL_REPORTING 时，LOG 将包含下列消息。

```
SYMBOLGEN: Macro variable SYSDAY resolves to Wednesday
MLOGIC(DUAL_REPORTING): %IF condition &sysday eq Wednesday
is TRUE
MPRINT(DUAL_REPORTING): Title 'Mid Week Detailed Sales
Report';
MPRINT(DUAL_REPORTING): Proc Print Data = Sales_Week;
MPRINT(DUAL_REPORTING): By Week;
MPRINT(DUAL_REPORTING): Run;
```

Wednesday 上的输出结果如图 5.7 所示。

Mid Week Detailed Sales Report

Week=30

Obs	SaleDate	Product	Sales
1	01AUG2019	Med1	56
2	02AUG2019	Med2	45
3	02AUG2019	Med3	48

Week=31

Obs	SaleDate	Product	Sales
4	05AUG2019	Med2	56
5	05AUG2019	Med3	55
6	06AUG2019	Med1	67
7	07AUG2019	NA	0
8	08AUG2019	Med1	54
9	09AUG2019	Med1	45

Week=32

Obs	SaleDate	Product	Sales
10	12AUG2019	Med2	50
11	13AUG2019	Med1	45
12	13AUG2019	Med3	53
13	14AUG2019	Med2	67
14	15AUG2019	NA	0
15	16AUG2019	Med2	45

图 5.7

针对每个星期，我们拥有销售日期、商品和销量等数据。在某种程度上，这可被视为一个数据集的副本，只是在每个星期中单独呈现，如图5.8所示。

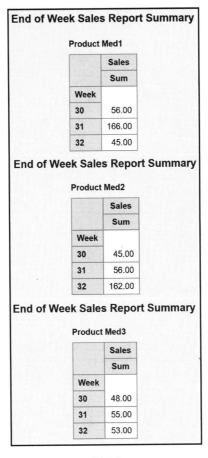

图 5.8

周末报表则是一个交叉表。针对每件商品，我们可以看到每周的销售额。这些销售针对每个星期的销售额进行汇总，并面向每件商品予以显示。

5.8 评估宏

如前所述，宏变量被存储为字符值。%eval函数用于评估整数或逻辑表达式。该函数将字符数据转换为一个数字或逻辑表达式。在评估执行完毕后，该函数将最终结果转换回字符值并返回对应值。

下面尝试对一些宏变量进行评估。

```
OPTIONS SYMBOLGEN;

%Let A1 = (1+0);
%Let A2 = (1+5);
%Let A3 = (10-5);
%Let A4 = (10/5);
%Let A5 = (10/3);
%Let A6 = (1-0.1);

%Let eval_A1 = %eval(&A1);
%Let eval_A2 = %eval(&A2);
%Let eval_A3 = %eval(&A3);
%Let eval_A4 = %eval(&A4);
%Let eval_A5 = %eval(&A5);
%Let eval_A6 = %eval(&A6);

%PUT eval_A1 = &eval_A1;
%PUT eval_A2 = &eval_A2;
%PUT eval_A3 = &eval_A3;
%PUT eval_A4 = &eval_A4;
%PUT eval_A5 = &eval_A5;
%PUT eval_A6 = &eval_A6;
```

在下列 LOG 中，针对 A1、A2、A3 和 A4，我们得到了期望的结果。对于 A5，经评估后未得到包含小数格式的值，而是获得了一个整数值。A6 则未被评估。这里，宏处理器认为 A6 包含了字符串，且无法在其上执行任何数学或逻辑操作。

```
80 %Let eval_A1 = %eval(&A1);
SYMBOLGEN: Macro variable A1 resolves to (1+0)
81 %Let eval_A2 = %eval(&A2);
SYMBOLGEN: Macro variable A2 resolves to (1+5)
82 %Let eval_A3 = %eval(&A3);
SYMBOLGEN: Macro variable A3 resolves to (10-5)
83 %Let eval_A4 = %eval(&A4);
SYMBOLGEN: Macro variable A4 resolves to (10/5)
84 %Let eval_A5 = %eval(&A5);
SYMBOLGEN: Macro variable A5 resolves to (10/3)
85 %Let eval_A6 = %eval(&A6);
SYMBOLGEN: Macro variable A6 resolves to (1-0.1)
```

```
ERROR: A character operand was found in the %EVAL function or %IF
condition where a numeric operand is required. The condition was:
       (1-0.1)
86
87 %PUT eval_A1 = &eval_A1;
SYMBOLGEN: Macro variable EVAL_A1 resolves to 1
eval_A1 = 1
88 %PUT eval_A2 = &eval_A2;
SYMBOLGEN: Macro variable EVAL_A2 resolves to 6
eval_A2 = 6
89 %PUT eval_A3 = &eval_A3;
SYMBOLGEN: Macro variable EVAL_A3 resolves to 5
eval_A3 = 5
90 %PUT eval_A4 = &eval_A4;
SYMBOLGEN: Macro variable EVAL_A4 resolves to 2
eval_A4 = 2
91 %PUT eval_A5 = &eval_A5;
SYMBOLGEN: Macro variable EVAL_A5 resolves to 3
eval_A5 = 3
92 %PUT eval_A6 = &eval_A6;
SYMBOLGEN: Macro variable EVAL_A6 resolves to
eval_A6 =
```

%sysevalf 宏函数可以解决上述情况，该函数通过浮点运算评估算术和逻辑表达式。

```
%Let A6 = (1-0.1);

%Let eval_A6 = %sysevalf(&A6);

%PUT eval_A6 = &eval_A6;
```

LOG 中的输出结果表明，当前数学运算生成了期望结果。

```
73 %Let A6 = (1-0.1);
74
75 %Let eval_A6 = %sysevalf(&A6);
SYMBOLGEN: Macro variable A6 resolves to (1-0.1)
76
77 %PUT eval_A6 = &eval_A6;
SYMBOLGEN: Macro variable EVAL_A6 resolves to 0.9
eval_A6 = 0.9
```

%sysevalf 语法形式如下。

```
%sysevalf(expression, <conversion-type>)
```

上述代码包含下列参数。
- 参数 expression 表示需要评估的算术或逻辑表达式。
- 参数 conversion-type 将%sysevalf 返回的值转换为指定的值类型。随后，该值用于需要具有该类型值的其他表达式中。参数 conversion-type 可以是以下参数之一：Boolean、Ceil、Floor 和 Integer。

当使用宏函数分析算术和逻辑操作符时，应理解表 5.3 所示的操作数和操作符。

表 5.3

操 作 符	助 记 符	定 义	示 例
**		指数	5**10
+		正前缀	+(5+10)
-		负前缀	-(5+10)
¬^~	NOT	逻辑非	NOT X
*		乘法	5*10
/		除法	5/10
+		加法	5+10
-		减法	5-10
<	LT	小于	X<Y
<=	LE	小于或等于	X<=Y
=	EQ	等于	X=Y
#	IN	等于列表中的一项	X#U V W X Y Z
¬= ^= ~=	NE	不等于	X NE B
>	GT	大于	X GT B
>=	GE	大于或等于	X GE B
&	AND	逻辑与	X=Y and A=B
|	OR	逻辑或	X=Y|A=B

5.9 编写高效的宏

宏是 SAS 中提供的较为重要且功能强大的工具。这里的问题是，编写宏的有效方法是什么？如何评估编写宏后的收益？

对于编码人员来说，编写一个复杂宏的主要原因在于自动化多项任务，但这并不是唯一的原因。如果宏不可或缺，那么较好的方法是编写多个宏，并在必要时将其嵌套至一个程序文件中。假设需要编写一个宏，并导入任何想要的文件中，然后扫描文件以生成数据质量报表、根据人口分布归因缺失值、生成多个统计模型以预测场景，随后输出最佳结果，同时生成一份包含所有关键图表的报表。这类宏可被视为"理想"的结果。然而，编写这类宏将占用大量的时间和计算资源。许多任务已被视为预定义宏或内执向导，进而成为 SAS 环境中的一部分，因而上述看似"理想"的宏实际上并不可行。在编写宏之前，一定要考虑宏试图解决的问题的程度。

在某些业务情况下，底层数据可能会不断变化。从这些数据中获得的汇总值可能是业务场景计算中的关键输入内容。在这种情况下，我们可能希望编写一个宏获取汇总值，并将其纳入业务场景计算中。编写宏而非简单的代码可能会更有效，因为这可以减少程序员的干预行为，从而降低在业务场景计算中出现人为错误的机会。

对宏进行评估并不是一个直观的过程，且需要对具体问题进行具体分析。SAS 环境是在后台运行的数百个宏的编译结果。记住，我们并不需要编写复杂的宏环境实现数据或分析任务，而是需要通过调试工具在最短的时间内编写最有效的代码。

5.10 本章小结

本章通过宏进一步介绍了 SAS 及其功能。其间，我们学习了宏处理器如何与单词扫描器一起工作，进而了解了宏的处理方式。此外，本章还介绍了宏变量以及如何编写宏定义或程序，并通过相关示例展示了如何使用自动全局变量、如何编写数据驱动程序，以及如何评估算术和逻辑运算符。在本章的最后，我们还介绍了一些宏编码的最佳实践方案。

第 6 章将继续关注宏，并介绍一些高级编码选项。

第 6 章 函数、选项和自动变量

本章将在宏变量、定义处理机制和宏解析跟踪机制的基础上重点介绍各种函数和系统选项，其间将主要关注 DATA 步骤，以便在较高级别上讨论宏编程机制。另外，本章还将介绍与函数和选项相关的示例，以简化编码过程并提升其功能。

本章主要涉及以下主题。
- 通过下列方式管理已有的宏。
  - NOMPRELACE 和 MREPLACE。
  - NOMCOMPLIE 和 NCOMPLIE。
- 通过下列方式理解宏解析机制。
  - MCOMPILENOTE。
  - MAUTOCOMPLOC。
- 利用下列方式实现高效的编码机制。
  - MACRO 和 NOMACRO。
- 交换 DATA 步骤和宏变量之间的值。
- CALL EXECUTE。
- 修改 CALL SYMPUT 示例。
- 解析宏变量。
- 宏屏蔽机制。

6.1　NOMPREPLACE 和 MREPLACE

虽然编写宏定义十分重要，但在多用户场合下，保护已经编写的宏定义同样十分重要。本节将介绍 NOMREPLACE 和 NOCOMPILE 选项的角色，以便保护已有的宏定义。

NOMPREPLACE 系统选项将防止用户覆写宏，即使已经编译了同名的宏。需要注意的是，这并不会阻止宏变量被重写。这里，我们将使用第 5 章中的 Class 数据集以凸显系统选项的作用。

在下列代码中，Alt 数据集从 Class 数据集中被创建，同时还将定义一个额外的变量 Dataset 以接收值 Alt。

```
Data Alt;
  Set Class;
  Dataset="Alt";
Run;
```

除 SYMBOLGEN 和 MPRINT 选项之外，我们还指定了 NOMREPLACE 选项。相应地，系统的默认选项是 MREPLACE。

```
Options NOMREPLACE SYMBOLGEN MPRINT;

%Macro Value;
  %Let Target = Class;

  Data Test;
    Set &Target;
  Run;

%Mend Value;

%Value;
```

%Value 的调用将会成功，并且 Test 数据集将从 Class 数据集中获得其值。

据此，我们编译了新的宏定义 Replace_Value，并覆写了工作库中已有的 Test 数据集。当前，Test 数据集使用 Alt 数据集中的值。利用新的 Target 宏变量值，NOMPREPLACE 值不会阻止宏定义编译或者 Test 数据集被覆写。

```
%Macro Replace_Value;
  %Let Target = Alt;

  Data Test;
    Set &Target;
  Run;

%Mend Replace_Value;

%Replace_Value;
```

假设将已有代码或宏传递至另一个用户。当前，我们已经创建了 Replace 和 Replace_Value 宏，以适应 Target 宏变量值的差异。如果其他用户决定创建一个名为 Value 或 Replace_Value 的宏定义，SAS 将抛出一个错误。

```
%Macro Replace;
```

```
%PUT "This won't run";

%Mend Replace;
%Replace;

%Macro Replace_Value;

%PUT "This won't run";

%Mend Replace_Value;
%Replace_Value;
```

由于指定了 NOMPREPLACE 选项，所以 Replace 和 Replace_Value 均不会被创建，该选项将阻止创建与 WORK.SASMACR 中存储的宏定义同名的宏定义。

另外，指定的选项对已存储的、编译后的宏库没有任何影响。在提交上述代码时，我们得到以下错误内容。

```
ERROR: The macro REPLACE will not be compiled because the NOMREPLACE option
is set. Source code will be discarded until a
corresponding %MEND statement is encountered.

ERROR: The macro REPLACE_VALUE will not be compiled because the NOMREPLACE
option is set. Source code will be discarded until a
corresponding %MEND statement is encountered.
```

6.2　NOMCOMPILE 和 NCOMPILE

与 NOMREPLACE 选项相比，NOCOMPILE 选项则进一步阻止宏定义被编译，并可与 NOMREPLACE 选项结合使用以防止现有代码被覆写。另外，MCOMPILE 选项指定为默认选项。

下列宏定义将采用 Put 语句编译，并将'Macro Will Compile'值写入 LOG。

```
%Macro Compile_Test;
  %Put 'Macro Will Compile';
%Mend Compile_Test;

%Compile_Test;
```

如果开启了 NOMCOMPILE 选项，那么在关闭 MCOMPILE 选项之前，我们将无法编译下列宏定义，或者会话中的任何其他宏定义。

```
%Macro Compile_Test_Alt;
  %Put "Macro Won't Compile";
%Mend Compile_Test_Alt;

%Compile_Test_Alt;
```

这将生成下列 LOG 内容。

```
ERROR: Macro compilation has been disabled by the NOMCOMPILE option. Source
code will be discarded until a corresponding %MEND statement
is encountered.
```

6.3　MCOMPILENOTE

MCOMPILENOTE 选项在完成宏编译后向 LOG 发出一项提示，其中包含了与指令大小和数量相关的详细信息。NOTE 确认宏编译过程已经完成。当该选项开启并发出 NOTE 时，即可执行宏的编译版本。宏可成功地被编译，但仍会包含错误或警告消息，进而使该宏无法按照期望方式运行。

MCOMPILENOTE 的对应语法如下。

```
MCOMPILENOTE=<NONE | NOAUTOCALL | ALL>
```

其中，NONE 将阻止 NOTE 被写入 LOG。

NOAUTOCALL 阻止 NOTE 被写入 AUTOCALL 宏的 LOG 中，但在完成其他宏的编译后将会向 LOG 发送一个 NOTE。

ALL 将向 LOG 发送一个 X。在宏编译完成后，NOTE 将包含指令的大小和数量。

下面首先介绍包含 ALL 值的 MCOMPILENOTE 选项。

```
OPTIONS MCOMPILENOTE=All;

%Macro Compile_Test;

  %PUT 'Macro will compile';

%Mend Compile_Test;
%Compile_Test;
```

随后将得到下列 LOG 消息。

```
NOTE: The macro COMPILE_TEST completed compilation without errors. 5
instructions 80 bytes.
        %Compile_Test;
```

```
NOTE: The macro COMPILE_TEST is executing from memory.
      5 instructions 80 bytes.
'Macro will compile'
```

下面将选项值修改为 NoAutoCall 并查看 LOG。

```
OPTIONS MCOMPILENOTE=NoAutoCall;
```

此处未直接调用%Compile_Test，我们将编译该宏并于随后对其加以调用。LOG 信息如下所示。

```
NOTE: The macro COMPILE_TEST completed compilation without errors.5
instructions 80 bytes.
```

与之前指定了 ALL 的选项相比，NoAutoCall 选项并不会产生显著的变化。该选项并不会通知 SAS 中 Auto Call 宏编译相关的信息。

在最后一个选项中，我们将指定 None 选项，如下所示。

```
OPTIONS MCOMPILENOTE=None;
```

正如预期的那样，这里并不会向 LOG 写入与成功编译相关的消息。

在上述实例中，宏并未生成错误消息。下面在不使用%DO 语句的情况下利用%END 语句替换之前使用的%PUT 语句，进而引入一个错误。

```
OPTIONS MCOMPILENOTE=All;
%Macro Compile_Test;
%END;
%Mend Compile_Test;
%Compile_Test;
```

ALL 选项向 LOG 发送一条消息，表明编译已经完成但包含错误，如下列 LOG 所示。

```
ERROR: There is no matching %DO statement for the %END. This statement will
be ignored.
 76 %Mend Compile_Test;
NOTE: The macro COMPILE_TEST completed compilation with errors.
```

NoAutoCall 选项和 None 选项应生成相同的错误。但是，None 选项并未发布与编译成功相关的消息。

6.4 NOMEXECNOTE 和 MEXECNOTE

NOMEXECNOTE 定义为默认选项。MEXECNOTE 则发布与宏执行相关的消息。在下列宏中，我们将关闭一些有用的选项并开启 MEXECNOTE。

```
OPTIONS MEXECNOTE NOSYMBOLGEN NOMPRINT;

%Macro Test_Log;
  Data Test;
    Set Class;
  Run;

%Mend Test_Log;

%Test_Log;
```

这将把下列消息写入 LOG。

```
NOTE: The macro TEST_LOG is executing from memory.
      5 instructions 80 bytes.
```

但是，这是否意味着发布的 NOTE 证实了宏已经成功执行了呢？答案是否定的。系统选项并不够提前，无法确认宏成功执行。我们将在下列代码块中运行宏，其中，对 Class_Alt 数据集的引用将产生一个错误，因为它在工作会话中并不存在。MEXECNOTE 选项不如之前讨论的 MCOMPILENOTE 选项强大。然而，MEXECNOTE 选项只与编译有关，而与执行无关。

```
%Macro Test_Log_Alt;
  Data Test;
    Set Class_Alt;
  Run;

%Mend Test_Log_Alt;

%Test_Log_Alt;
```

这仍然会产生与之前收到的相同的 LOG Note。

```
NOTE: The macro TEST_LOG_ALT is executing from memory.
      5 instructions 88 bytes.
ERROR: File WORK.CLASS_ALT.DATA does not exist.
```

可以看到，LOG 中仍然发布了一个 ERROR。

6.5　MAUTOCOMPLOC

当查看 AUTOCALL 宏的存储位置时，可使用 MAUTOCOMPLOC 系统选项，如下所示。

```
OPTIONS MAUTOCOMPLOC;
%PUT %LEFT( This is a);
```

LOG 中包含了当前宏的对应位置，如下所示。

```
73 OPTIONS MAUTOCOMPLOC;
MAUTOLOCDISPLAY(LEFT): This macro was compiled from the autocall file
/opt/sasinside/SASHome/SASFoundation/9.4/sasautos/left.sas
 74 %PUT %LEFT( This is a);
This is a
```

6.6　MACRO 和 NOMACRO

大多数用户可能并未听说过在 SAS 中关闭宏处理相关的选项。但是，当运行占用较长时间的大型处理过程时，指定 NOMACRO 选项将十分有用。该选项将阻止 SAS 识别和处理宏语言语句、宏调用和宏变量引用。通常情况下，如果某项内容未予识别，则会产生一条错误消息。如果在作业中未使用宏工具，那么通过设置 NOMACRO 选项可以获得很小的性能提升，因为检查宏或宏变量时不会产生任何开销。

当在 SAS University Edition 中尝试使用 NOMACRO 选项时，将得到下列错误消息。

```
OPTIONS NOMACRO;
              ‾‾‾‾
               11
WARNING 11-12: SAS option MACRO is valid only at startup of the SAS System
or startup of a SAS process. The SAS option is ignored.
```

为了确保 NOMACRO 选项在 SAS 环境中可用，可能需要在机器或客户端版本上设置 SAS 时修改已保存的选项。

对于用户而言，存在多个内建 SAS 宏函数，其中一些宏函数如下所示。

```
%PUT This version is &SYSVER;
%PUT Today is &SYSDAY;
%PUT My User ID is &SYSUSERID;
%PUT Current Time is &SYSTIME;
%PUT My System is &SYSSCPL;
%PUT My Operating System is &SYSSCP;
```

上述宏函数解析如下。

```
73 %PUT This version is &SYSVER;
 This version is 9.4
74 %PUT Today is &SYSDAY;
 Today is Sunday
75 %PUT My User ID is &SYSUSERID;
 My User ID is sasdemo
76 %PUT Current Time is &SYSTIME;
 Current Time is 01:58
77 %PUT My System is &SYSSCPL;
 My System is Linux
78 %PUT My Operating System is &SYSSCP;
 My Operating System is LIN X64
```

相应地，我们可组合使用自动宏变量和 SAS 中的可用函数。我们可对相关函数进行尝试，以便理解 SAS 设置中可用的各种分析选项。

```
%PUT License details %SYSPROD(GRAPH);
%PUT License details %SYSPROD(STAT);
%PUT License details %SYSPROD(EMINER);

73 %PUT License details %SYSPROD(GRAPH);
 License details 0
74 %PUT License details %SYSPROD(STAT);
 License details 1
75 %PUT License details %SYSPROD(EMINER);
 License details -1
```

其中，值 1 表示 SAS 产品已获得许可；而 0 值则表示为 SAS 产品未获得许可。另外，-1 表示该产品在软件包中不可用，或者该产品并不是组织机构所购买的软件包中的一部分内容。

6.7 交换 DATA 步骤和宏变量之间的值

本书在后续章节中，将针对 DATA 步骤和宏变量间的数值交换介绍各种选项，并对其进行比较。

前述章节讨论了 CALL SYMPUT。CALL SYMPUT 用于将 DATA 步骤变量值传输至宏变量。在许多场合下，还需要将宏变量中的值传输至 DATA 步骤。当确定在编码中是否需要使用 SYMPUT 或 SYMGET 时，应了解如图 6.1 所示的处理流程。

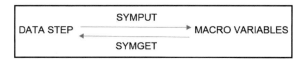

图 6.1

如果没有 SYMGET 函数很难在 DATA 步骤中使用宏变量，其中包括 DATALINES 和 CARDS 语句。第 5 章曾创建了包含 ClassID、Year、Age、Height 和 Weight 变量的 CLASS 数据集，此处将添加一个新变量 Grade，该变量包含了不同学生的表现分类，并通过 ClassID 予以表示。另外，Grade 值将从 DATA 步骤之前声明的宏变量中输入。

```
%Let A1234=Poor;
%Let B3423=Fair;
%Let C2342=Good;
%Let D3242=Excellent;
```

这里，我们指定了 6 个不同的 ClassID 中的 4 种成绩。

通过包含于 SYMGET 参数中的语句，我们已经指定了新的 Grade 变量使用宏变量值进行映射。

```
Data Class;
Input ClassID $ Year Age Height Weight;
Grade = SYMGET (ClassID);
Datalines;
A1234 2013 8 85 34
A2323 2013 9 81 36
B3423 2013 8 80 31
B5324 2013 9 70 35
C2342 2013 9 80 31
D3242 2013 9 85 30
A1234 2019 14 105 64
A2323 2019 15 101 66
B3423 2019 14 100 61
B5324 2019 15 90 55
C2342 2019 15 112 70
D3242 2019 14 112 70
;
```

其中，宏变量值需要映射至 ClassID 变量上。如前所述，我们曾使用 ClassID 变量的名称创建了 4 个宏变量，并于随后请求所创建的数据集的输出结果。

```
Proc Print Data=Class NoObs;
Run;
```

在图 6.2 中可以看到，新的 Grade 列已被创建。

ClassID	Year	Age	Height	Weight	Grade
A1234	2013	8	85	34	Poor
A2323	2013	9	81	36	
B3423	2013	8	80	31	Fair
B5324	2013	9	70	35	
C2342	2013	9	80	31	Good
D3242	2013	9	85	30	Excellent
A1234	2019	14	105	64	Poor
A2323	2019	15	101	66	
B3423	2019	14	100	61	Fair
B5324	2019	15	90	55	
C2342	2019	15	112	70	Good
D3242	2019	14	112	70	Excellent

图 6.2

由于未对两个 ClassID（共计 6 个 ClassID）指定宏变量，因而某些行缺失。

6.8　Call Execute

在讨论 Call Execute 时，需要重点介绍 CALL SYMPUT。我们已经了解到，Call SYMPUT 是一个 DATA 步骤例程，并将字符串参数发送至宏变量。另一方面，Call Execute 向宏工具发送一个字符串参数，以便在执行 DATA 步骤期间立即执行宏。Call Execute 已经存在很长时间了，但仍是一个相对较新的选项，且在 SAS 6.07 版中可用。与 CALL SYMPUT 不同，Call Execute 的主要优点是不需要宏或宏代码，如下所示。

```
Data Execute;
Set Class;
If Year = 2013
Then
Call Execute ('Proc Print Data = Execute; Var Age Height; Run;');
Else
Call Execute ('Proc Print Data = Execute; Run;');
Run;
```

由于未对 Proc Print 出现的次数实施任何循环限制，因而将会得到多个数据输出结果。此处将得到如图 6.3 所示的两种类型的输出结果。

其间，仅在 Year 等于 2013 时执行第 1 条 Proc Print 语句。

然而，Proc Print 条件并未将输出结果限制在 2013 年。当试图避免意外的输出结果时，这一点十分重要。

图 6.4 显示了第 2 个 Proc Print 输出结果。

Obs	Age	Height
1	8	85
2	9	81
3	8	80
4	9	70
5	9	80
6	9	85
7	14	105
8	15	101
9	14	100
10	15	90
11	15	112
12	14	112

图 6.3

Obs	ClassID	Year	Age	Height	Weight
1	A1234	2013	8	85	34
2	A2323	2013	9	81	36
3	B3423	2013	8	80	31
4	B5324	2013	9	70	35
5	C2342	2013	9	80	31
6	D3242	2013	9	85	30
7	A1234	2019	14	105	64
8	A2323	2019	15	101	66
9	B3423	2019	14	100	61
10	B5324	2019	15	90	55
11	C2342	2019	15	112	70
12	D3242	2019	14	112	70

图 6.4

其中，我们仍未将输出结果限制在 2019 年。另外，Else 语句可能会产生某些误导行为。如果打算将第 2 个输出结果限制在 2019 年的记录中，则可利用下列代码替换之前的 Else 语句。

```
Else
Call Execute ('Proc Print Data = Execute; Where Year = 2019; Run;');
```

6.9　修改 CALL SYMPUT 示例

本书在第 5 章介绍 CALL SYMPUT 时曾给出一个示例，其目标是输出 2013 年和 2019 年身高最高且年龄最小的学生。对此，需要存储所查找的学生的 ClassID，并于随后将该信息传递至 Proc Print 语句，进而获得所需的输出结果。通过使用 Call Execute，可简化处理过程——最少两个步骤即可得到输出结果。

```
Proc Sort Data = Class Out = Sorted;
By Descending Year Age Descending Height;
Run;
```

```
Data First;
Set Sorted;
By Descending Year Age Descending Height;
If First.Year and First.Height Then Output First;
Call Execute ('Proc Print Data = _LAST_; Where Year = 2019; Run;');
Call Execute ('Proc Print Data = _LAST_; Where Year = 2013; Run;');
Run;
```

可以看到，输出结果保持不变。

6.10 解析宏变量

前文讨论了宏变量的指定和解析示例。本节将介绍一些较为特殊的实例，当前所学的宏变量知识尚无法解决此类问题。

6.10.1 文本中的宏变量名称

截至目前，之前构建的宏变量并不包含与之绑定的前缀或后缀。然而，一些宏变量前面设置了一个"."，进而将其与库名分隔开来，如下所示。

```
%Let Out = Class_;

Data &Out2013 &Out2019;
  Set Class;

  If Year EQ 2013 Then
    Output &Out2013;
  Else
    Output &Out2019;
Run;
```

在宏变量引用中，当遇到 SAS 名称不支持的字符时，单词扫描器将认为宏变量名称已经结束。当启用 SAS 以便按照预期方式解析宏变量时，可在宏变量名称后面添加一个"."，如下所示。

```
%Let Out = Class_;

Data &Out.2013 &Out.2019;
  Set Class;
```

```
  If Year EQ 2013 Then
     Output &Out.2013;
  Else
     Output &Out.2019;
Run;

Proc Print Data=&Out.2013;
Run;

Proc Print Data=&Out.2019;
Run;
```

根据变量 Year 中保存的值，即可成功地创建多个数据集。图 6.5 所示为 2013 年的数据集。

Obs	ClassID	Year	Age	Height	Weight
1	A1234	2013	8	85	34
2	A2323	2013	9	81	36
3	B3423	2013	8	80	31
4	B5324	2013	9	70	35
5	C2342	2013	9	80	31
6	D3242	2013	9	85	30

图 6.5

图 6.6 所示为 2019 年的数据集。

Obs	ClassID	Year	Age	Height	Weight
1	A1234	2019	14	105	64
2	A2323	2019	15	101	66
3	B3423	2019	14	100	61
4	B5324	2019	15	90	55
5	C2342	2019	15	112	70
6	D3242	2019	14	112	70

图 6.6

6.10.2　宏变量和库

对于采用库名的宏变量解析，较好的做法是使用"."进行解析。

然而，当库名派生于宏变量时，并不总是需要"."。

```
OPTIONS SYMBOLGEN MPRINT;
%Let Libref = WORK;

Data &Libref.Class_Alt;
  Set Class;
Run;
```

当采取这种方式解析宏变量时，不会出现任何问题，并在 LOG 中得到下列消息。

```
75 %Let Libref = WORK;
76
SYMBOLGEN: Macro variable LIBREF resolves to WORK
77 Data &Libref.Class_Alt;
78 Set Class;
79 Run;

NOTE: There were 12 observations read from the data set WORK.CLASS.
NOTE: The data set WORK.WORKCLASS_ALT has 12 observations and 5 variables.
```

下面将在 Set 语句中使用宏变量，并查看解析结果。

```
%Let Libref = WORK;

Data Class_Alt;
  Set &Libref.Class;
Run;
```

在下列 LOG 中可以看到，库和文件名均未被解析。

```
73 %Let Libref = WORK;
74
75 Data Class_Alt;
SYMBOLGEN: Macro variable LIBREF resolves to WORK
76 Set &Libref.Class;
ERROR: File WORK.WORKCLASS.DATA does not exist.
77 Run;

NOTE: The SAS System stopped processing this step because of errors.
WARNING: The data set WORK.CLASS_ALT may be incomplete. When this step was
stopped there were 0 observations and 0 variables.
WARNING: Data set WORK.CLASS_ALT was not replaced because this step was
stopped.
```

对此，需要在 Set 语句中的宏变量之后添加一个"."。

```
Set &Libref..Class;
```

当运行整个 DATA 步骤时，将得到下列 LOG 消息。

```
SYMBOLGEN: Macro variable LIBREF resolves to WORK
```

6.10.3 间接宏引用

在 datasets class 中，ClassID 包含 2013 年和 2019 年之间的多行数据。我们可将 ClassID 和 Year 连接在同一个变量中，而非持有两列数据。这里，ClassID 可以用一个 ClassID 宏变量表示，而 year 值则可通过 year 宏变量表示。在组合过程中，需要将这两个宏变量进行连接，并假设确实存在这样的一个结果变量。对此，我们将尝试通过另一个宏变量引用该宏变量（称作间接宏引用）。

```
%Let ClassID2013 = X12342013;
*We will try and get this value in the LOG;
%Let Year = 2013;

%Macro Test;
  %Put &ClassID&Year;
%Mend;

%Test;
```

通过上述实例，我们在 LOG 中得到了下列值（而非值 X12342013）。

```
SYMBOLGEN: Macro variable CLASSID resolves to A1234
SYMBOLGEN: Macro variable YEAR resolves to 2013
A12342013
```

输出内容仅表示 CLASSID 和 YEAR 变量的连接结果，而非对 CLASSID2013 宏变量的间接引用。下面将修改 PUT 语句，并尝试首先解析 Year 宏变量。

```
%Let ClassID2013 = X12342013;
%Let Year = 2013;

%Macro Test;
  %Put &&ClassID&Year;
%Mend;
%Test;
```

宏变量解析顺序的变化将生成预期的输出结果。

相应地，我们将得到下列宏解析内容。

```
SYMBOLGEN: && resolves to &.
SYMBOLGEN: Macro variable YEAR resolves to 2013
SYMBOLGEN: Macro variable CLASSID2013 resolves to X12342013
```

6.10.4 基于单一宏调用的宏变量引用系列

间接引用宏的另一种用法是，通过迭代的%DO 循环，我们可以利用单个宏调用生成一系列引用。

```
%Let ClassID1 = A12341;
%Let ClassID2 = A23232;
%Let ClassID3 = B34233;
%Let ClassID4 = B53244;
%Let ClassID5 = C23425;
%Let ClassID6 = D32426;

%Macro ClassIDYear;
  %Do i=1 %To 5;
    &ClassID&i
  %End;
%Mend;

%Put %ClassIDYear;
```

上述代码生成的输出结果为一个宏变量列表。

```
SYMBOLGEN: Macro variable CLASSID resolves to A1234
SYMBOLGEN: Macro variable I resolves to 1
SYMBOLGEN: Macro variable CLASSID resolves to A1234
SYMBOLGEN: Macro variable I resolves to 2
SYMBOLGEN: Macro variable CLASSID resolves to A1234
SYMBOLGEN: Macro variable I resolves to 3
SYMBOLGEN: Macro variable CLASSID resolves to A1234
SYMBOLGEN: Macro variable I resolves to 4
SYMBOLGEN: Macro variable CLASSID resolves to A1234
SYMBOLGEN: Macro variable I resolves to 5
A12341 A12342 A12343 A12344 A12345
```

上述列表可用于宏中的各种交叉引用。

6.10.5 多个&符号

前文讨论了两个&符号的应用方式。在 SAS 中，置于宏变量之前的&符号的数量并没有限制，这些&符号的解析方式值得进一步思考。&符号由宏处理器自左向右依次读取。记住，两个&符号通常解析为一个&符号。接下来介绍一些宏变量解析方法以进一步理解多个&符号的处理方案。

```
%Let Class = A;
%Let N = 1;
%Let Class1 = B2;
%Let A1 = A1Unknown;

%PUT &Class&N;
%PUT &&Class&N;
%PUT &&&Class&N;
```

在单一&符号的情况下，Class 宏变量被解析为 A 的值；随后，N 宏变量被解析为值 1。据此，两个宏变量的组合值为 A1。对于&&Class&N（自左至右读取），两个宏&符号被解析为 1。

在此之后，宏处理器将 N 解析为 1。接下来，宏处理器再次自左向右读取，当前，需要被解析的字符串为&Class1 而非&Class，并被解析为 B2。可以看到，在 Class 宏变量之前包含额外的&符号将改变解析结果。

```
78  %PUT &Class&N;
SYMBOLGEN: Macro variable CLASS resolves to A
SYMBOLGEN: Macro variable N resolves to 1
A1
79  %PUT &&Class&N;
SYMBOLGEN: && resolves to &.
SYMBOLGEN: Macro variable N resolves to 1
SYMBOLGEN: Macro variable CLASS1 resolves to B2
B2
80  %PUT &&&Class&N;
SYMBOLGEN: && resolves to &.
SYMBOLGEN: Macro variable CLASS resolves to A
SYMBOLGEN: Macro variable N resolves to 1
SYMBOLGEN: Macro variable A1 resolves to A1Unknown
A1Unknown
```

在包含 3 个&符号的示例中，左侧的前两个&符号被解析为一个&符号。这使得 Class

被解析为 A，而 N 被解析为 1。最后，A1 被解析为 A1Unknown。

在讨论了多个&符号和间接宏变量引用机制后，接下来将介绍宏屏蔽机制。

6.11　宏屏蔽机制

在某些情况下，需要使用特殊字符或助记符作为文本内容，且无法将其视为宏变量。如果不采用宏屏蔽机制，宏处理器将无法按照预期方式进行解析。下面将使用之前展示的 Call Execute 代码强调宏屏蔽函数的使用方式。

```
%LET Output = Proc Print; Data = Class; Where Year = 2019; Run;
```

执行后将得到下列 LOG 内容。

```
75 %LET Output = Proc Print; Data = Class; Where Year = 2019; Run;
                                   ___
                                   180
ERROR 180-322: Statement is not valid, or it is used out of proper order.
75 %LET Output = Proc Print; Data = Class; Where Year = 2019; Run;
                                   ___
                                   180
ERROR 180-322: Statement is not valid, or it is used out of proper order.
```

甚至在创建宏变量之前，既可以看到程序编辑器在代码中高亮显示了一些关键字的颜色。此时，编辑器不会将代码作为宏变量文本读取代码，而是将代码视为一个 DATA 步骤。为了解决这一问题，需要使用宏屏蔽函数。其中，较为常见的宏屏蔽函数如下。

- %STR 和%NSTR。
- %BQUOTE 和%NBQUOTE。
- %SUPERQ。

据此，我们将重写宏变量定义，如下所示。

```
%LET Output = %STR(Proc Print; Data = Class; Where Year = 2019; Run;);
%PUT Output is &Output;
```

响应结果中将包含下列 LOG 消息。

```
SYMBOLGEN: Macro variable OUTPUT resolves to Proc Print; Data = Class;
Where Year = 2019; Run;
SYMBOLGEN: Some characters in the above value which were subject to macro
quoting have been unquoted for printing.
Output is Proc Print; Data = Class; Where Year = 2019; Run;
```

宏屏蔽函数可以被描述为与编译或执行阶段相关的宏屏蔽函数。具体来说，%STR 和%NSTR 为编译函数。在编译阶段，这些函数在开型代码中或编译宏时帮助宏处理器将特殊字符解释为宏程序语句中的文本。相应地，%BQUOTE 和%NRBQUOTE 函数则表示为执行函数。其中，解析在开型代码中宏程序语句的执行阶段出现。除了将特殊字符视为文本，宏处理器还将正常解析宏定义的其余部分，并针对在屏蔽结果前无法解析的宏变量引用或宏调用显示警告消息。

%SUPERQ 函数是一个较为独特的宏屏蔽函数，除了在宏执行阶段屏蔽所有特殊字符和助记操作符之外，该函数还将阻止值的进一步解析。除此之外，%SUPERQ 函数与其他宏屏蔽函数的最大差别在于，该函数仅接收宏变量名作为参数。因此，当采用%SUPERQ 函数时，上述 Output 宏变量定义无法采用同一方式加以定义。

6.11.1 使用%STR

我们可以通过%STR屏蔽预期宏变量值中的各项内容，而非在宏变量值的开始处使用%STR 屏蔽函数。

```
%LET Output = Proc Print%STR(;) Data = Class%STR(;) Where Year =
2019%STR(;) Run%STR(;);
%PUT Output is &Output;
```

下面介绍%STR 的一些其他应用。

```
%Let Name = %STR(Philip%'s);
%PUT &Name;
```

在上述示例中，我们尝试屏蔽"'"号，并以"Philip's"这一方式输出 Name 值。如果宏屏蔽函数未被涉及，那么宏变量将不会被执行。除了利用%STR 屏蔽全值，我们还在要屏蔽的字符之前放置了一个%符号，这将产生下列 LOG。

```
SYMBOLGEN: Macro variable NAME resolves to Philip's
SYMBOLGEN: Some characters in the above value which were subject to macro
quoting have been unquoted for printing.
Philip's
```

如前所述，当处理助记符时，%STR 同样十分有用。在下列示例中，解析结果为 GE eq General Electric，而问题恰好出现在这里。宏变量 Company 解析为 GE。在 IF 语句中，GE = GE 未被解析，而是解析了一组 null 值。尽管答案看起来是正确的，但问题并未被解决。

```
OPTIONS SYMBOLGEN MPRINT MLOGIC;
```

```
%Macro Mnemonic (Company);
 %If &Company=GE %Then
   %Put &Company eq General Electric;
 %Else
   %PUT &Company is ABC;
%Mend Mnemonic;

%Mnemonic (GE);
```

针对上述执行后的宏，其 LOG 如下所示。

```
80 %Mnemonic (GE);
MLOGIC(MNEMONIC): Beginning execution.
MLOGIC(MNEMONIC): Parameter COMPANY has value GE
SYMBOLGEN: Macro variable COMPANY resolves to GE
MLOGIC(MNEMONIC): %IF condition &Company = GE is TRUE
MLOGIC(MNEMONIC): %PUT &Company eq General Electric
SYMBOLGEN: Macro variable COMPANY resolves to GE
GE eq General Electric
MLOGIC(MNEMONIC): Ending execution.
```

下面将宏变量的值修改为 LT 并查看 LOG。

```
80 %Mnemonic (LT);
MLOGIC(MNEMONIC): Beginning execution.
MLOGIC(MNEMONIC): Parameter COMPANY has value LT
SYMBOLGEN: Macro variable COMPANY resolves to LT
MLOGIC(MNEMONIC): %IF condition &Company = GE is TRUE
MLOGIC(MNEMONIC): %PUT &Company eq General Electric
SYMBOLGEN: Macro variable COMPANY resolves to LT
LT eq General Electric
MLOGIC(MNEMONIC): Ending execution.
```

如前所述，在 IF 语句中比较 null 值。将什么值作为 Company 宏变量传递并不重要。最终的结果为 macro variable value is eq General Electric。当处理这种异常行为时，可尝试使用 %STR 函数。

更新后的宏和 LOG 如下所示。

```
%Macro Mnemonic (Company);

%If &Company = %STR(GE) %Then %Put Company eq General Electric;
%Else %PUT &Company is ABC;

%Mend Mnemonic;
```

```
%Mnemonic (LT);

80 %Mnemonic (LT);
MLOGIC(MNEMONIC): Beginning execution.
MLOGIC(MNEMONIC): Parameter COMPANY has value LT
SYMBOLGEN: Macro variable COMPANY resolves to LT
MLOGIC(MNEMONIC): %IF condition &Company = GE is FALSE
MLOGIC(MNEMONIC): %PUT &Company is ABC
SYMBOLGEN: Macro variable COMPANY resolves to LT
LT is ABC
MLOGIC(MNEMONIC): Ending execution.
```

6.11.2 使用%NRSTR

%NRSTR 宏函数镜像了%STR 的功能，同时也屏蔽&符号。在下列宏示例中，我们尝试使用%NSRTR 屏蔽函数。首先，我们将在无屏蔽状态下执行宏并查看结果。

```
%Macro IceCream;
  %PUT My favorite ice cream is Ben&Jerry;
%Mend IceCream;
%IceCream;
```

由于宏处理器无法成功地查找到 Jerry 宏变量，因而上述代码未能按照预期方式解析。LOG 中生成的错误信息如下。

```
MLOGIC(ICECREAM): Beginning execution.
MLOGIC(ICECREAM): %PUT My favorite ice cream is Ben&Jerry
WARNING: Apparent symbolic reference JERRY not resolved.
My favorite ice cream is Ben&Jerry
MLOGIC(ICECREAM): Ending execution.
```

在这种情况下，需要使用%NRSTR，如下所示。

```
%Macro IceCream;
  %PUT My favorite ice cream is %NRSTR(Ben&Jerry);
%Mend IceCream;
%IceCream;
```

在下列 LOG 中可以看到，&Jerry 并未被视为一个宏变量，且&符号被屏蔽。

```
MLOGIC(ICECREAM): Beginning execution.
MLOGIC(ICECREAM): %PUT My favorite ice cream is Ben&Jerry
My favorite ice cream is Ben&Jerry
MLOGIC(ICECREAM): Ending execution.
```

6.11.3 使用%BQUOTE 和%NRBQUOTE

%BQUOTE 屏蔽括号、引号、数学运算符和分号这一类特殊字符。与其他函数（如%STR）相比，%BQUOTE 的优点在于，不匹配的引号、括号和百分号不必与%一起使用。如前所述，%BQUOTE 在执行宏时屏蔽特殊字符，这将允许每个引号或括号独立于其他引号或括号而被屏蔽。另外，%NRBQUOTE 也可以屏蔽&和%符号。%NRBQUOTE 与其他屏蔽函数的不同之处在于，宏变量将会在可能的情况下被解析，但当使用其他函数（如%EVAL 或%PUT 等）时，结果中的任何&或%符号均不会被视为运算符。

这些函数的编译和执行解析之间的差别可通过执行下列宏变量后的 LOG 内容进一步的理解。

```
%Let Icecream = Awesome;
%Let A = %STR(&Icecream);
%Let B = %NRSTR(&Icecream);
%Let C = %BQUOTE(&Icecream);
%Let D = %NRBQUOTE(&Icecream);

%PUT A is &A;
%PUT B is &B;
%PUT C is &C;
%PUT D is &D;
```

LOG 的输出结果如下。

```
A is Awesome
B is &Icecream
C is Awesome
D is Awesome
```

可以看到，宏变量 C 和 D 的行为与预期结果有所不同，因为二者均在执行时解析。

6.12 本章小结

本章介绍了各种系统选项和宏变量函数，以帮助用户对高级宏进行编码。除此之外，我们还讨论了如何通过正确的引用方式使用宏，其间，我们介绍了一些较为复杂的场景。其中，宏屏蔽机制可确保生成的输出结果满足相应的需求条件。

第 7 章将通过 Proc SQL 学习一些高级编程技术。

第 4 部分

SAS 中的 SQL

这一部分适合 SQL 新手和有经验的用户进行学习，主要介绍了 SQL 的优点、如何开发 SQL 生成的输出结果，以及在 SQL 中使用宏的独特优势。

这一部分主要包含下列章节。

- 第 7 章，Proc SQL 高级编程技术。
- 第 8 章，深入理解 Proc SQL。

第 7 章　Proc SQL 高级编程技术

SAS 用户可通过 Proc SQL 实现基于 SQL 的查询。数据步骤和 Proc SQL 可生成类似的输出结果，但代码的复杂程度则有所不同。另外，生成的默认输出结果也可能不同，但可通过指定两种方法中的选项进行调整。最后，在两种方法中，获取结果的处理过程也存在不同之处。本章将关注 Proc SQL 的处理过程、比较数据步骤和 Proc SQL，并讨论 Proc SQL 的具体用法。

本章主要涉及以下内容。
- 比较数据步骤和 Proc SQL。
- Proc SQL 连接。
- Proc SQL 概要。
- 字典表。

7.1　比较数据步骤和 Proc SQL

数据步骤和 Proc SQL 连接表的方式存在一些基本的区别。在数据步骤中，我们将其称为合并表，而在 Proc SQL 中，则将其称为连接表。这些差异不仅限于命名规则。两者的目标都是执行类似的任务，也就是说，在不同的表之间建立连接，并将不同表中的变量和观察数据转换到一个公共表中。SAS 中的内建函数，以及数据步骤和 Proc SQL 之间功能的差异也会产生不同的结果，或者在生成同一结果时导致不同的复杂度。

下列内容列出了数据步骤和 Proc SQL 之间的差异。
- 数据步骤要求对合并后的表进行排序，而 Proc SQL 则无此要求。无论从编码角度，还是执行排序所需的运行时间来看，这将节省较大的开销。
- 数据步骤要求合并后的变量具有相同的名称。Proc SQL 并不会强制重命名用于连接各种表的变量。
- 数据步骤合并无法处理多对多关系，但 Proc SQL 则可处理这一情形。

据此，读者可能认为数据步骤并不适用于连接表。然而，与数据步骤合并相比，Proc SQL 连接的最大问题在于会创建一个笛卡儿积。这里，笛卡儿积是指要连接的表中的所有行和列均彼此连接。笛卡儿积不一定是最终的输出结果，输出结果一般取决于给定条件的位置。

因此,数据步骤和 Proc SQL 还涵盖了进一步的差别,如下所示。

- ❑ 与 Proc SQL 相比,数据步骤可能需要更多的编码步骤才能实现类似的结果。例如,在使用数据步骤时,可能需要对数据集进行排序。
- ❑ 在合并过程中,数据集之间的重复匹配列将自动被覆盖。但是,当采用 Proc SQL 进行连接时,则不会自动覆盖重复的匹配列。
- ❑ 在数据步骤中,最终结果不会自动输出,且通常会要求 Proc 输出。在 Proc SQL 中,除非指定了 NOPRINT 选项,否则将生成输出结果。

作为一名 SAS 用户,如果之前曾使用过 SQL 进行编程设计,那么可能会更倾向于使用 Proc SQL。语法除了构建定制的 SQL 过程时在 SAS 中增加了一些内容,SQL 和 Proc SQL 的其他语法十分相似。

7.2 Proc SQL 连接

在介绍 SAS 编程时,我们曾研究了 Proc SQL 查询的结构。下面将讨论 SAS 中的各种连接选项,并尝试在不附加任何条件的情况下创建一个基本的连接。

这里将使用前述 Class 数据集和 Grade 数据集。

```
Data Grade;
Input ClassID $ Year Grade $;
Datalines;
A1234 2013 A
A2323 2013 A
B3423 2013 B
B5324 2013 C
C2342 2013 C
D3242 2013 D
A1234 2019 B
A2323 2019 C
B3423 2019 D
B5324 2019 B
C2342 2019 C
D3242 2019 D
;
```

下列代码将生成一个数据集,其中包含了 Class 数据集中学生的学年成绩。

```
Proc SQL;
```

```
            Create Table Class_Grade As
            Select *
            From Class, Grade
            ;
Quit;
```

在执行上述代码后，理解连接的关键点并不局限于输出结果。下面首先查看 LOG 中生成的消息。

```
NOTE: The execution of this query involves performing one or more Cartesian
product joins that cannot be optimized.
WARNING: Variable ClassID already exists on file WORK.CLASS_GRADE.
WARNING: Variable Year already exists on file WORK.CLASS_GRADE.
NOTE: Table WORK.CLASS_GRADE created, with 144 rows and 6 columns.
```

CLASS 数据集中的 ClassID 和 Year 变量不会被替换，因为它们已经存在。此处未指定连接键，且仅提及了需要连接的数据集的名称。最终，我们得到了之前已介绍的笛卡儿积，如图 7.1 所示。

Obs	ClassID	Year	Age	Height	Weight	Grade
1	A1234	2013	8	85	34	A
2	A1234	2013	8	85	34	A
3	A1234	2013	8	85	34	B
4	A1234	2013	8	85	34	C
5	A1234	2013	8	85	34	C
6	A1234	2013	8	85	34	D
7	A1234	2013	8	85	34	B
8	A1234	2013	8	85	34	C
9	A1234	2013	8	85	34	D
10	A1234	2013	8	85	34	B
11	A1234	2013	8	85	34	C
12	A1234	2013	8	85	34	D
13	A1234	2019	14	105	64	A
14	A1234	2019	14	105	64	A
15	A1234	2019	14	105	64	B

图 7.1

我们在每个连接的数据集中持有 12 行数据，因而连接后的数据集包含 12×12=144 行数据。笛卡儿积无法进行优化，因为在上述示例中 SAS 除了生成 12×12 矩阵没有其他选择。

这可被视为一个默认的连接实例。在数据步骤中，默认连接是指一对一外连接。关于连接类型，稍后还将介绍更多内容。

本章主要介绍以下连接。
- 内连接。
- 左连接。
- 右连接。
- 全连接。
- 一对多连接。
- 多对多连接。

7.2.1 内连接

在内连接中，输出结果仅包含来自连接表的匹配记录的数据。图 7.2 显示了内连接的维恩图。其中，仅两个数据集交集的阴影部分在输出数据集中显示。另外，匹配键可通过一个或多个条件加以指定。

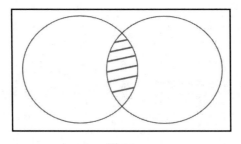

图 7.2

例如，医院可能会对移植患者和潜在捐献者的匹配记录更加感兴趣，并希望得到一个列表，其中包含了单一数据集中与捐赠者和接受者相关的信息。而未匹配的接受者和捐赠者则排除在外。对此，内连接查询则是创建数据集的最佳选择方案。

这里创建了一个名为 Interests 的数据集，并可在 ClassID 级别匹配 Class 数据集。另外，Interests 中的数据并非特定于学生的 Grade。

```
Data Interests;
Input ClassID $ Music Sports Drama Photography;
Datalines;
```

```
A1234 1 1 1 0
A2323 1 0 1 .
B3423 1 1 1 0
D3242 . 0 1 1
E4234 1 1 . 1
F5642 1 1 1 0
G6534 0 1 1 .
D4234 1 . 0 1
S3576 1 0 0 1
;
```

下面尝试对 Class 表执行内连接操作。

```
Proc Sql;
    Create table Inner_Join as
    Select *
    From Class
    Inner Join Interests
    On Class.ClassID=Interests.ClassID
    ;
Quit;
```

所生成的 LOG 消息如下。

```
WARNING: Variable ClassID already exists on file WORK.INNER_JOIN.
NOTE: Table WORK.INNER_JOIN created, with 8 rows and 9 columns.
```

生成的输出数据集如图 7.3 所示。

Obs	ClassID	Year	Age	Height	Weight	Music	Sports	Drama	Photography
1	A1234	2013	8	85	34	1	1	1	0
2	A2323	2013	9	81	36	1	0	1	.
3	B3423	2013	8	80	31	1	1	1	0
4	D3242	2013	9	85	30	.	0	1	1
5	A1234	2019	14	105	64	1	1	1	0
6	A2323	2019	15	101	66	1	0	1	.
7	B3423	2019	14	100	61	1	1	1	0
8	D3242	2019	14	112	70	.	0	1	1

图 7.3

可以看到，Class 包含 8 行数据和 4 个不同的 ClassID；Interests 数据集则包含 9 行数据和 9 个不同的 ClassID。两个数据集的交集将生成一个仅包含 4 个不同 ClassID 的表。

最终，输出数据集中包含 8 行数据，因为在 4 个匹配的 ClassID 中，每一个都包含 2013 年和 2019 年的一行数据。另外，Class 数据集中的所有列均予以保留。唯一没有被包含在 Interests 表中的列是 ClassID 列，但这与当前操作并无太大关系，因为该变量已存在于 Class 数据集中。

7.2.2 左连接

连接左侧的数据集将出现在输出数据集中，无论连接的数据集中包含哪些匹配记录。图 7.4 显示了左连接的维恩图。

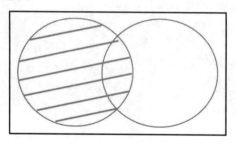

图 7.4

在前述内连接示例中，我们得到了一个接受者和捐赠者匹配的列表。医院可能会保留接受者列表，并在出现捐赠者时标记相关实例。在这种情况下，左连接就变得十分重要。

在 Class 表中，如果打算保留所有信息并添加 Interests 表，即可使用左连接。其中，仅 Interests 表中的匹配记录被添加进来。所有 Class 表中的记录均被保留。

```
Proc Sql;
        Create table Left_Join as
        Select A., B.
        From Class as A
        Left Join Interests as B
        On A.ClassID=B.ClassID
        ;
Quit;
```

这将生成如图 7.5 所示的输出结果。

从输出结果可以看到，如果左表中的 ClassID 不在右表中，那么右表中所有变量的观察数据均被设置为缺失值。

注意，尽管 ClassID 已经与 Interests 表相匹配，但在观察数据 3 和 4 中，Photography 变量仍包含缺失值。我们知道，与 Interests 表的其他变量匹配的 ClassID 包含一个填充值。

作为数据使用者，我们需要小心地解释数据。这里将运行一个左连接查询，其中，第 2 个表中所关注的唯一变量是 Photography 变量。

Obs	ClassID	Year	Age	Height	Weight	Music	Sports	Drama	Photography
1	A1234	2013	8	85	34	1	1	1	0
2	A1234	2019	14	105	64	1	1	1	0
3	A2323	2013	9	81	36	1	0	1	.
4	A2323	2019	15	101	66	1	0	1	.
5	B3423	2013	8	80	31	1	1	1	0
6	B3423	2019	14	100	61	1	1	1	0
7	B5324	2019	15	90	55	.	.	.	.
8	B5324	2013	9	70	35	.	.	.	.
9	C2342	2013	9	80	31	.	.	.	.
10	C2342	2019	15	112	70	.	.	.	.
11	D3242	2013	8	85	30	.	0	1	1
12	D3242	2019	14	112	70	.	0	1	1

图 7.5

```
Proc Sql;
        Create table Left_Join_Inference as
        Select A.*, B.Photography
        From Class as A
        Left Join Interests as B
        On A.ClassID=B.ClassID
        ;
Quit;
```

在上述两次输出结果中，ClassID 的 Photography 变量值保持不变，唯一变化的是解释过程。此时我们可以进行以下两种选择。

（1）A2323、B5324 和 C2342 ClassID 未出现于 Interests 数据集中，因此所添加的变量不包含值。

（2）由于 Interests 不包含变量填充值，因而不存在变量的（部分或全部）缺失值。

当采用左连接时，用户可能会遇到上述情况。对此，可创建子查询或变量，以表明缺失值是源数据问题，抑或是不匹配的连接变量问题。

在任何情况下，针对连接右侧数据集中的缺失值，都应该谨慎地解释左连接的结果。图 7.6 显示了添加 Photography 的左连接后输出的数据集。

从表面上看，维恩图表示的左连接可能令人十分困惑。这似乎表明，当采用左连接时，连接数据集中存在一个较小的交集区域。如果 Interests 数据集遇到数据质量问题（其中，前缀 9 被添加至 ClassID），情况又当如何？

Obs	ClassID	Year	Age	Height	Weight	Photography
1	A1234	2013	8	85	34	0
2	A1234	2019	14	105	64	0
3	A2323	2013	9	81	36	.
4	A2323	2019	15	101	66	.
5	B3423	2013	8	80	31	0
6	B3423	2019	14	100	61	0
7	B5324	2019	15	90	55	.
8	B5324	2013	9	70	35	.
9	C2342	2013	9	80	31	.
10	C2342	2019	15	112	70	.
11	D3242	2013	9	85	30	1
12	D3242	2019	14	112	70	1

图 7.6

```
Data Interests;
Set Interests;
ClassID=Compress("9"||ClassID);
Run;
```

此时，输出结果仅包含源自数据集 ClassID 的全部记录，如图 7.7 所示。

Obs	ClassID	Year	Age	Height	Weight	Music	Sports	Drama	Photography
1	A1234	2013	8	85	34	.	.	.	.
2	A1234	2019	14	105	64	.	.	.	.
3	A2323	2013	9	81	36	.	.	.	.
4	A2323	2019	15	101	66	.	.	.	.
5	B3423	2013	8	80	31	.	.	.	.
6	B3423	2019	14	100	61	.	.	.	.
7	B5324	2019	15	90	55	.	.	.	.
8	B5324	2013	9	70	35	.	.	.	.
9	C2342	2013	9	80	31	.	.	.	.
10	C2342	2019	15	112	70	.	.	.	.
11	D3242	2013	9	85	30	.	.	.	.
12	D3242	2019	14	112	70	.	.	.	.

图 7.7

此时，Interests 不包含匹配的记录。然而，我们确实从 Interests 中获得了填充后的变量名，其原因在于左连接形成的 PDV。

7.2.3 右连接

与左连接相比，右连接唯一的不同在于，无论是否存在匹配，均会选择右表中的记录。在 Proc SQL 中，连接中表的顺序十分重要。但是，采用数据步骤的合并过程则并非如此。图 7.8 显示了右连接的维恩图。

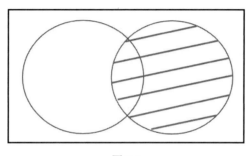

图 7.8

接下来，我们将 Interests 表保留为右表，并尝试与 Class 表进行右连接。

```
Proc Sql;
        Create table Right_Join as
        Select A., B.
        From Class as A
        Right Join Interests as B
        On A.ClassID=B.ClassID
        ;
Quit;
```

可以看到，除了右连接（而非内连接或左连接），代码并无太多变化，但这一过程确实会产生一些意想不到的结果，如图 7.9 所示。

这里，我们并不希望 Class 表中的 Year、Age、Height 和 Weight 在 ClassID 不匹配处包含缺失值。然而，考虑到 ClassID 出现于两个表中，左表中的 ClassID 值已经取代了右表中的值（即使要求执行右连接）。当执行右连接时，我们需要保留右表中的记录，且不希望右表中的 ClassID 将观察数据 9~13 设置为缺失值，即使贡献表中的变量已经包含了这些观察数据值。

下列 LOG 消息汇总了当前问题的原因。

```
WARNING: Variable ClassID already exists on file WORK.RIGHT_JOIN.
NOTE: Table WORK.RIGHT_JOIN created, with 13 rows and 9 columns.
```

Obs	ClassID	Year	Age	Height	Weight	Music	Sports	Drama	Photography
1	A1234	2013	8	85	34	1	1	1	0
2	A1234	2019	14	105	64	1	1	1	0
3	A2323	2013	9	81	36	1	0	1	.
4	A2323	2019	15	101	66	1	0	1	.
5	B3423	2013	8	80	31	1	1	1	0
6	B3423	2019	14	100	61	1	1	1	0
7	D3242	2013	9	85	30	.	0	1	1
8	D3242	2019	14	112	70	.	0	1	1
9		.	.	.	.	1	.	0	1
10		.	.	.	.	1	1	.	1
11		.	.	.	.	1	1	1	0
12		.	.	.	.	0	1	1	.
13		.	.	.	.	1	0	0	1

图 7.9

为了缓解这一问题,不应继续采用 select *选项,并需要指定连接数据集中需要的变量,如下所示。

```
Proc Sql;
        Create table Right_Join as
        Select B.*, A.Year, Age, Height, Weight
        From Class as A
        Right Join Interests as B
        On A.ClassID=B.ClassID
        ;
Quit;
```

注意,Select 语句中变量的顺序与连接条件无关。我们首先在 Select 语句中指定了右数据集中的变量,尽管我们已请求了右连接。随后将得到如图 7.10 所示的表作为输出结果。

由于从左表中取消了 ClassID 变量的修改,因此我们得到了所需的输出结果,即未将 ClassID 设置为缺失值。

Obs	ClassID	Music	Sports	Drama	Photography	Year	Age	Height	Weight
1	A1234	1	1	1	0	2013	8	85	34
2	A1234	1	1	1	0	2019	14	105	64
3	A2323	1	0	1	.	2013	9	81	36
4	A2323	1	0	1	.	2019	15	101	66
5	B3423	1	1	1	0	2013	8	80	31
6	B3423	1	1	1	0	2019	14	100	61
7	D3242	.	0	1	1	2013	9	85	30
8	D3242	.	0	1	1	2019	14	112	70
9	D4234	1	.	0	1	.	.	.	.
10	E4234	1	1	.	.	.	.	.	.
11	F5642	1	1	1	0	.	.	.	.
12	G6534	0	1	1	.	.	.	.	.
13	S3576	1	0	0	1	.	.	.	.

图 7.10

7.2.4 全连接

关于全连接，首先需要记住它不是交叉连接，也不是默认的笛卡儿积。全连接并不会产生乘数效应（multiplier effect），且不会将记录与连接数据集中的每条记录进行匹配。全连接可视为内部连接、左连接和右连接的组合结果。其中，记录仅出现一次。注意，我们不应混淆全连接和交叉连接这两个概念。图 7.11 显示了全连接的维恩图。

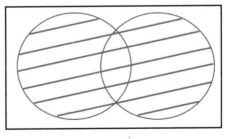

图 7.11

此处将使用 Coalesce 函数，以确保不包含 ClassID 缺失值。我们在讨论右连接时曾使用过 Coalesce 函数。其中，右表中的 ClassID 被设置为缺失值。

```
Proc Sql;
    Create table Full_Join as
    Select Coalesce(A.ClassID, B.ClassID), A.Year, A.Age,
```

```
A.Height, A.Weight, B.Music, B.Sports, B.Drama,
B.Photography
        From Class as A
        Full Join Interests as B
        On A.ClassID=B.ClassID
        ;
Quit;
```

结果数据集中并未包含 12×9=108 行数据，只有在交叉连接的情况下才能产生 108 行。Class 表包含了 12 行数据，而 Interests 表包含了 9 行数据。但是，当前输出结果中仅包含 17 行数据，如图 7.12 所示。

Obs	_TEMA001	Year	Age	Height	Weight	Music	Sports	Drama	Photography
1	A1234	2013	8	85	34	1	1	1	0
2	A1234	2019	14	105	64	1	1	1	0
3	A2323	2013	9	81	36	1	0	1	.
4	A2323	2019	15	101	66	1	0	1	.
5	B3423	2013	8	80	31	1	1	1	0
6	B3423	2019	14	100	61	1	1	1	0
7	B5324	2019	15	90	55	.	.	.	.
8	B5324	2013	9	70	35	.	.	.	.
9	C2342	2013	9	80	31	.	.	.	.
10	C2342	2019	15	112	70	.	.	.	.
11	D3242	2013	9	85	30	.	0	1	1
12	D3242	2019	14	112	70	.	0	1	1
13	D4234	.	.	.	.	1	.	0	1
14	E4234	.	.	.	.	1	1	.	1
15	F5642	.	.	.	.	1	1	1	0
16	G6534	.	.	.	.	0	1	1	.
17	S3576	.	.	.	.	1	0	0	1

图 7.12

很难讲哪一种连接是最常使用的，这完全取决于具体任务，以及协调工作的数据库的一般性质。

7.2.5 一对多连接

读者可能已在前述示例中发现了一些一对多连接的示例。下面首先修改一下一对多连接所使用的数据集。

这里，建议读者查看内连接、左连接、右连接和全连接示例，并尝试从中发现一对多连接示例。

假设持有数据集 X 和 Y，如下所示。

```
Data X;
Input ID VarTabA VarTabB;
Datalines;
1 66 77
2 55 66
3 77 55
;

Data Y;
Input ID Category $ VarTabC VarTabD;
Datalines;
1 A 60 70
1 B 50 60
2 A 50 60
3 C 70 50
;
```

使用 X 和 Y 形成的数据集包含相同的 ID 变量。但是，数据集 Y 包含一个 ID 重复的实例以及两组不同的数值，分别是 VarTabC 和 VarTabD。图 7.13 展示了一个一对多数据集。

Obs	ID	VarTabA	VarTabB
1	1	66	77
2	2	55	66
3	3	77	55

Obs	ID	Category	VarTabC	VarTabD
1	1	A	60	70
2	1	B	50	60
3	2	A	50	60
4	3	C	70	50

图 7.13

运行下列查询将得到一个一对多的匹配结果。

```
Proc Sql;
  Create table One_to_One as
Select Coalesce(A.ID, B.ID) as ID, VarTabA, VarTabB, VarTabC,
VarTabD
  From X as A, Y as B
  Where A.ID=B.ID
  ;
Quit;
```

由于数据结构，最终将生成一对多的匹配结果。其中，表 X 中的一条记录映射至表 Y 中的多条记录（ID 值等于 1），如图 7.14 所示。

ID	VarTabA	VarTabB	VarTabC	VarTabD
1	66	77	60	70
1	66	77	50	60
2	55	66	50	60
3	77	55	70	50

图 7.14

上述查询可被视为一个内连接。注意，不要对语法内容的变化感到困惑，该查询等同于下列内容。

```
Proc Sql;
  Create table One_to_Many as
Select Coalesce(A.ID, B.ID) as ID, VarTabA, VarTabB, VarTabC, VarTabD
  From X as A Inner Join Y as B
  On A.ID=B.ID
  ;
Quit;
```

7.2.6 多对多连接

对于多对多连接，我们将使用数据集 Y 并创建一个新的数据集 Z。

```
Data Z;
Input ID Category $ VarTabE VarTabF;
Datalines;
1 A 10 70
1 B 20 60
2 A 30 40
2 D 40 50
3 C 70 50
;
```

创建后的数据集如图 7.15 所示。

除了将文件名改为 Y 和 Z，代码内容基本保持不变，这将生成如图 7.16 所示的输出结果。

ID	Category	VarTabE	VarTabF
1	A	10	70
1	B	20	60
2	A	30	40
2	D	40	50
3	C	70	50

图 7.15

ID	VarTabE	VarTabF	VarTabC	VarTabD
1	10	70	60	70
1	10	70	50	60
1	20	60	60	70
1	20	60	50	60
2	30	40	50	60
2	40	50	50	60
3	70	50	70	50

图 7.16

对于 ID1，将得到 4 行输出结果，且在两个数据集中各有两个 ID 行。从本质上讲，对于 ID1，我们所持有的内容是一个 ID 的笛卡儿积（限定于特定的 ID）。

7.3 Proc SQL 概要

在介绍了连接查询后，我们已经大致了解了 Proc SQL 的工作方式。在继续研究 Proc SQL 的宏之前，下面首先回顾一下 Proc SQL 中的一些要点，并为后续学习打下一个坚实的基础。

7.3.1 子集

创建数据集子集的最简单的方法是使用 Proc SQL 中的 Where 语句。此类查询的通用语法如下。

```
Proc SQL;
        Select *
        From
        Where
        ;
Quit;
```

除此之外，还可使用 Drop 和 Keep 选项，这是一种较好的输出数据集中所需的变量的限定方式。记住，子集在 Proc SQL 中十分重要，因而默认结果是笛卡儿积。相应的过滤操作可减少处理的行数，从而提升查询速度。

其他选项还包括首先使用 Where 条件，这将降低输出数据集中的最大记录数量。在大型数据集中，Where 条件的顺序可对处理时间产生显著的影响。

另外，还可通过连接这一方式创建数据集的子集。

下面介绍一个关于银行的例子，其中，经理想了解购买产品的联名账户持有人的情况，他们以不同的顺序购买了同一项产品。例如，A 女士和 B 先生购买了产品 C。一种情况是，A 女士先被记名；另一种情况则是 B 先生先被记名。银行经理想要了解是否存在重复账户，抑或联名账户持有人是否需要独立的两个记名账户组合。

```
Data Products;
Input Customer1 $ Customer2 $ Product $12.;
Datalines;
RT0001 RT1101 CreditCard
RT1101 RT0001 CreditCard
RT1401 RT1200 Saving
RT1002 RT1405 Current
RQ1300 RO1400 Mortgage
RO1400 RQ1300 Mortgage
RX4599 RM1001 CurrentExtra
RM1001 RX4599 Current
;
```

这将生成如图 7.17 所示的数据集。

Obs	Customer1	Customer2	Product
1	RT0001	RT1101	CreditCard
2	RT1101	RT0001	CreditCard
3	RT1401	RT1200	Saving
4	RT1002	RT1405	Current
5	RQ1300	RO1400	Mortgage
6	RO1400	RQ1300	Mortgage
7	RX4599	RM1001	CurrentExtra
8	RM1001	RX4599	Current

图 7.17

当采用连接方式形成子集时，可使用下列查询将 Products 数据集与其自身进行连接。

```
Proc Sql;
        Create Table Duplicate_Products as
        Select A.*,
        From Products as A
        Inner Join Products as B
        On A.Customer1=B.Customer2
```

```
                And A.Customer2=B.Customer1
                And A.Product=B.Product
;
Quit;
```

在当前示例中，我们使用了三重连接。截至目前，我们仅使用了单一连接条件。相应地，三重连接可确保能够识别产品类型相同时客户账户的组合结果。

图 7.18 显示了相应的输出结果。

Obs	Customer1	Customer2	Product
1	RT0001	RT1101	CreditCard
2	RT1101	RT0001	CreditCard
3	RQ1300	RO1400	Mortgage
4	RO1400	RQ1300	Mortgage

图 7.18

当采用数据步骤并针对合并执行相同操作时，如前所述，我们需要对数据集进行排序。此处并不打算合并相同的数据集，而是打算创建另一个数据集，即 Products 的副本，并于随后执行合并操作。

```
Proc Sort Data = Products;
By Customer1 Customer2 Product;
Run;

Data Products_Alt (Rename = (Customer1=Customer2 Customer2=Customer1));
Set Products;
Run;

Proc Sort Data = Products_Alt;
        By Customer1 Customer2 Product;
Run;

Data Duplicate_Products_Alt;
        Merge Products (in=a) Products_Alt (in=b);
        By Customer1 Customer2 Product;
        If a and b;
Run;
```

输出的数据集 Duplicate_Products_Alt 等同于之前的 Duplicate_Products。

7.3.2 分组和汇总机制

表 7.1 展示了 SAS 中基于 Proc SQL 的汇总函数。

表 7.1

汇 总 函 数	功 能 描 述
AVG，MEAN	数值的均值或平均值
COUNT，FREQ，N	非缺失值的数量
CSS	校正平方和
CV	变异系数（百分比）
MAX	最大值
MIN	最小值
NMISS	缺失值数量
PRT	较大的绝对值概率
RANGE	数值范围
STD	标准偏差
STDERR	标准平均误差
SUM	数值和
T	假设测试值
USS	未校正平方和
VAR	方差

汇总函数的结果可存储为一个数据集或进行输出。

```
Proc SQL;
Select Avg(Age) as Avg_Age, Nmiss(Age) as Missing_Age,
Std(Age) as Std_Age
        From Class
        ;
Quit;
```

这将生成 3 个度量数据，如图 7.19 所示。

Avg_Age	Missing_Age	Std_Age
11.58333	0	3.088346

图 7.19

Class 数据集中包含了 Year 变量。这些生成的指标与 Year 无关。如果希望通过 Year 获取指标，可在组级别上请求分组。

```
Proc SQL;
Select Avg(Age) as Avg_Age, Nmiss(Age) as Missing_Age,
Std(Age) as Std_Age
        From Class
        Group by Year
        ;
Quit;
```

当前，输出结果包含两行数据，分别对应于 2013 年和 2019 年，如图 7.20 所示。

Avg_Age	Missing_Age	Std_Age
8.666667	0	0.516398
14.5	0	0.547723

图 7.20

汇总机制存在一些可能会引起用户困惑的问题，包括 Having 子句、何时使用 Group By 和 Having 子句，以及 Where 和 Having 主句的角色。

出于简单考虑，Where 子句位于 Group By 之前，Having 子句则位于 Group By 之后。这 3 种子句对于运行 Proc SQL 均非必需。

下面将在 Class 数据集上使用前述 3 个子句，并设置 Class 数据集的限制条件为体重大于 30。从结果数据集中，我们可选择身高大于均值的学生（针对每个 Year）。

```
Proc SQL;
        Create table GT_Avg_2019 as
                Select *, Avg(Height) as Avg_Height
        From Class
        Where Weight GT 30
        Group by Year
        Having Height GT Avg_Height
        ;
Quit;
```

输出结果如图 7.21 所示。

可以看到，我们创建了名为 Avg_Height 的新变量。小于等于 30 的 ClassID 不再是输出数据集中的内容。另外，我们在 Year 级别上计算了平均身高，输出数据集中身高值大于或等于平均身高的记录。

Obs	ClassID	Year	Age	Height	Weight	Avg_Height
1	B3423	2013	8	80	31	79.200
2	C2342	2013	9	80	31	79.200
3	A2323	2013	9	81	36	79.200
4	A1234	2013	8	85	34	79.200
5	A1234	2019	14	105	64	103.333
6	D3242	2019	14	112	70	103.333
7	C2342	2019	15	112	70	103.333

图 7.21

7.4 字典表

字典表被定义为特殊的 Proc SQL 只读表或视图，用于检索与当前 SAS 会话关联的 SAS 库、SAS 数据集、SAS 系统选项，以及与外部文件相关的全部信息。例如，DICTIONARY.COLUMNS 表包含了当前 SAS 会话已知的所有表中全部列的名称、类型、长度和格式等信息。

Proc SQL 自动分配 DICTIONARY libref。当从 DICTIONARY 表中获取信息时，需要指定 Proc SQL 中 SELECT 语句 FROM 子句中的 DICTIONARY.table-name。

表 7.2 显示了字典表和关联的 SASHELP 视图列表。

表 7.2

DICTIONARY 表	SASHELP 视图	功 能 描 述
CATALOGS	VCATALG	包含与已知 SAS 目录相关的信息
CHECK_CONSTRAINTS	VCHKCON	包含与已知检查限制相关的信息
COLUMNS	VCOLUMN	包含与所有已知表中的列相关的信息
CONSTRAINT_COLUMN_USAGE	VCNCOLU	包含与完整性约束引用的列相关的信息
CONSTRAINT_TABLE_USAGE	VCNTABU	包含了表信息，这些表包含定义于其上的完整性约束
DATAITEMS	VDATAIT	包含与已知信息映射数据项相关的信息
DESTINATIONS	VDEST	包含与已知 ODS 目标相关的信息
DICTIONARIES	VDCTNRY	包含与所有 DICTIONARY 表相关的信息
ENGINES	VENGINE	包含与 SAS 引擎相关的信息
EXTFILES	VEXTFL	包含与已知外部文件相关的信息

续表

DICTIONARY 表	SASHELP 视图	功 能 描 述
FILTERS	VFILTER	包含与已知信息映射过滤器相关的信息
FORMATS	VFORMAT VCFORMAT	包含与当前可访问的格式和输入格式相关的信息
FUNCTIONS	VFUNC	包含与当前可访问的函数相关的信息
GOPTIONS	VGOPT VALLOPT	包含与当前定义的图形选项相关的信息（SAS/GRAPH 软件）。SASHELP.VALLOPT 包含 SAS 系统选项和图形选项
INDEXES	VINDEX	包含与已知索引相关的信息
INFOMAPS	VINFOMP	包含与已知信息映射相关的信息
LIBNAMES	VLIBNAM	包含与当前定义的 SAS 库相关的信息
MACROS	VMACRO	包含与当前定义的宏变量相关的信息
MEMBERS	VMEMBER VSACCES VSCATLG VSLIB VSTABLE VSTABVW VSVIEW	包含与当前定义的 SAS 库中的全部对象相关的信息。SASHELP.VMEMBER 包含所有成员类型的信息；其他 SASHELP 视图则与特定的成员类型（如表或视图）相关
OPTIONS	VOPTION VALLOPT	包含与 SAS 系统选项相关的信息。SASHELP.VALLOPT 包含图形选项和 SAS 系统选项
REFERENTIAL_CONSTRAINTS	VREFCON	包含与引用约束相关的信息
REMEMBER	VREMEMB	包含与已知成员相关的信息
STYLES	VSTYLE	包含与已知 ODS 样式相关的信息
TABLE_CONSTRAINTS	VTABCON	包含所有已知表中与完整性约束相关的信息
TABLES	VTABLE	包含与已知表相关的信息
TITLES	VTITLE	包含与当前定义的标题和脚注相关的信息
VIEWS	VVIEW	包含与已知数据视图相关的信息
VIEW_SOURCES	Not available	包含 SQL 或 DATASTEP 视图引用的表（或其他视图）列表，以及引用数量的计数

字典表和列是一种功能强大的工具，可帮助我们编写高级查询。相应地，我们可在本章的工作 SAS 会话中编写下列查询操作以访问字典表和列。

```
Proc Sql;
        Select * From Dictionary.Tables;
```

```
            Select * From Dictionary.Columns
                    Where Name = 'Class';
Quit;
```

随后可允许上述查询并查看最终结果。

7.5 本章小结

  本章学习了如何利用 Proc SQL（而非数据步骤）连接数据步骤。此外，我们还介绍了各种连接类型，进而通过 Proc SQL 连接数据集。在讨论了 Proc SQL 和数据步骤中数据集连接的优缺点后，排序问题也随之而来。这意味着，对于较小的数据集，数据步骤合并可能是较好的替代方案；但在较大的数据集中，由于排序问题，这可能会导致处理延迟。

  除此之外，我们介绍了如何创建数据子集和汇总数据。对此，相关示例采用了 Where、Group By 和 Having 子句并展示了每个子句的作用。在前述章节中，我们探讨过字典表和列的概念，本章则讨论了一个完整的选项列表，并通过 Proc SQL 使用这一特性。

  第 8 章将深入讨论 Proc SQL 技术，包括数据操控技术、创建索引和视图以及宏应用。

第 8 章　深入理解 Proc SQL

Proc SQL 不仅限于构建笛卡儿积以及表的连接方式，基于此，本章将学习 SAS 视图。SAS 视图是本书首次提到的概念，前述章节使用大量篇幅介绍了数据和宏的操控方式，本章将讨论 Proc SQL 中编码方式的差别，以及通过使用 DATA 步骤快速生成输出结果。除此之外，我们还将学习 Proc SQL 中 Macro 选项的独特功能。

本章主要涉及以下主题。

- ❏ Proc SQL 中的 SAS 视图。
- ❏ 操控 Proc SQL 中的数据。
- ❏ 利用 Proc SQL 识别重复内容。
- ❏ 在 Proc SQL 中创建索引。
- ❏ Proc SQL 中的宏。

8.1　Proc SQL 中的 SAS 视图

在风险监管框架中，分析师将被要求建立评估信贷、市场、运营或非金融风险的模型，并将模型提交至监管机构审批。在这种场合下，分析师必须存储数据集，以便监管者在必要时可以在静态数据集上独立地重新创建结果。如果同一位分析师在药物临床试验部门工作，那么也会存在类似的保存数据集的需求。

但是，并不是所有的分析师都需要以类似的方式进行审查，或者需要在静态数据库上重新运行。例如，在大型汽车经销商中，在月底、促销期间或财政年度结束前预订的订单可能会激增。管理层可能对每日的销售数字报表更感兴趣。在当前示例中，查询操作保持不变，但查询可能在每天结束时运行，或者在一天中多次运行。其间，SAS 分析师可能在该示例中创建一个数据或 SQL 视图。SAS 视图是一个包含不同扩展名的数据集，并可从底层文件中获取数值。

与数据集相比，SAS 视图可节省磁盘空间，并存储数据查找指令。除此之外，视图还可包含描述符信息，其中包含了数据类型和变量的长度。但对于上述汽车经销商来说，最大的优点在于，通过运行 SAS 视图，分析师可确保数据在执行期间被 SAS 视图析取后，输入数据集始终是当前的。

不仅如此，SAS 视图还包括下列优点。

- 防止分析师重新创建查询操作，进而重新执行数据处理任务或从对等点获取不同的结果。
- 敏感信息可以得到有效的防护，因为 SAS 视图将被预定义，分析师无须查看底层表。
- 隐藏了数据处理的复杂度。SAS 视图向分析师呈现流线型信息，并隐藏了复杂度。

视图可通过 SAS DATA 步骤和 Proc SQL 创建。除非用户希望使用 DO LOOPS 或 IF-THEN 处理机制（仅适用于 DATA 步骤视图），否则一般优先选用 Proc SQL 视图。与 DATA 步骤不同，Proc SQL 视图可更新视图所用的底层数据。另外，SQL 可用于生成数据的子集，而数据视图中所采用的数据则无此资格。因此，整个 DATA 步骤视图需要加载到内存中，随后才可丢弃其中的一部分内容。Proc SQL 支持更多的 Where 子句类型，且包含 CONNECT 组件并可通过直通（pass-through）工具将 SQL 语句发送至数据库管理系统（database management system，DBMS）中。

本章仅讨论本地视图，而非接口视图。前者由 DATA 步骤或 Proc SQL 创建，而后者则由 SAS/ACCESS 软件创建，其主要应用是针对 DBMC 读、写数据。

8.1.1　SQL 视图语法

本节将使用前述汽车销售商数据介绍 SQL 视图，图 8.1 显示了数据集的部分视图。

Date	Day	Car	Units	Team	Avg_Price
27JUL2019	Sat	Alpha	25	A1	39450
27JUL2019	Sat	Alpha	23	A2	39850
27JUL2019	Sat	Omega	29	A3	67600
27JUL2019	Sat	Omega	20	A4	68100
28JUL2019	Sun	Alpha	15	A1	39050
28JUL2019	Sun	Alpha	18	A2	39550
28JUL2019	Sun	Omega	19	A3	67900
28JUL2019	Sun	Omega	16	A4	68300

图 8.1

下面生成一个销售报表，并显示基于汽车类型的日销售表。除了将关键字 table 修改为 view，无须更改标准 SQL 查询的语法内容。

```
Proc SQL;
```

```
    Title 'Sales Report for Management';
    Create View Sales_MI As
Select Date, Day, Car, SUM(Units) As Units_Sold,
SUM(Units*Avg_Price) As Revenue
    From Dealership
    Group by 1,2,3;
Quit;
```

这将把下列消息写入 LOG。

```
NOTE: SQL view WORK.SALES_MI has been defined.
```

8.1.2 描述视图

在深入介绍视图的输出结果之前，下面首先讨论一下 Describe 语句的作用。如果分析人员已经传递了视图的名称，但并无权限访问创建该视图的代码，那么他们仍可查看视图的构建方式。对此，可利用 Describe 了解视图的结构。另外，相同语句也适用于表，如下所示。

```
Proc SQL;
  Describe Table Dealership;
  Describe View Sales_MI;
Quit;
```

随后，下列消息将被写入 LOG。

```
73 Proc SQL;
74 Describe Table Dealership;
NOTE: SQL table WORK.DEALERSHIP was created like:

 create table WORK.DEALERSHIP( bufsize=65536 )
   (
   Date num format=DATE9.,
   Day char(8),
   Car char(8),
   Units num,
   Team char(8),
   Avg_Price num
   );

75 Describe View Sales_MI;

NOTE: SQL view WORK.SALES_MI is defined as:
```

```
select Date, Day, Car, SUM(Units) as Units_Sold,
SUM(Units * Avg_Price) as Revenue
        from DEALERSHIP
    group by 1, 2, 3;

76 Quit;
```

虽然 DATA 步骤用于生成表 Dealership，但 Describe 语句包含了 Proc SQL 表形式的输出结果。另外，如果索引信息出现于表中，那么 Describe 语句还可写入该信息。如果视图设置了密码，则需要在尝试访问定义之前指定对应的代码。

如果创建了使用其他视图的视图，则可将 Feedback 选项与 Describe 语句结合使用，以帮助我们进一步理解所采用的子查询。

```
Proc SQL;
  Create View Sales_All_Cars As
    Select Date, Day, Sum(Units_Sold) As Units
  From Sales_MI
  Group by 1,2;

  Title 'Use Another View';
  Create View Join As
    Select a.*, b.Units
  From Dealership As a Left Join Sales_All_Cars As b
  On A.Date=B.Date
  And A.Day=B.Day;
Quit;
```

通过使用所连接的第 1 个视图，我们创建了汇总日销售额的视图。随后，我们还将创建另一个视图，并连接包含日销售汇总信息的第 2 个视图。

```
Proc SQL Feedback;
  Select * From Join;
Quit;
```

接下来介绍 Feedback 选项如何帮助我们解释 Join 视图的结构。下列语句将被写入 LOG。

```
89 Proc SQL Feedback;
90 Select * From Join;
NOTE: Statement transforms to:
Select A.Date, A.Day, A.Car, A.Units, A.Team, A.Avg_Price, Units
 from ( select A.Date, A.Day, A.Car, A.Units, A.Team,
A.Avg_Price, Units
```

第 8 章 深入理解 Proc SQL

```
    from WORK.DEALERSHIP A left outer join
        ( select DEALERSHIP.Date, DEALERSHIP.Day,
SUM(Units_Sold) as Units
    from ( select DEALERSHIP.Date, DEALERSHIP.Day,
DEALERSHIP.Car, SUM(DEALERSHIP.Units) as Units_Sold,
SUM(DEALERSHIP.Units * DEALERSHIP.Avg_Price) as Revenue
        from WORK.DEALERSHIP
    group by 1, 2, 3)
    group by 1, 2)
 on (A.Date = DEALERSHIP.Date) and (A.Day = DEALERSHIP.Day)
);

91 Quit;
The underlying code of the view SALES_MI is also written in the LOG due
to the FEEDBACK option used.
```

接下来返回并查看最初的 SALES_MI 视图结果，这将生成如图 8.2 所示的 Sales MI 输出结果。

Date	Day	Car	Units_Sold	Revenue
20JUL2019	Sat	Alpha	40	1562000
20JUL2019	Sat	Omega	47	3171000
21JUL2019	Sun	Alpha	26	1020600
21JUL2019	Sun	Omega	27	1820300
22JUL2019	Mon	Alpha	25	984700
22JUL2019	Mon	Omega	19	1287600
23JUL2019	Tue	Alpha	28	1100300
23JUL2019	Tue	Omega	19	1289400
24JUL2019	Wed	Alpha	17	669500
24JUL2019	Wed	Omega	27	1818300
25JUL2019	Thu	Alpha	34	1337800
25JUL2019	Thu	Omega	30	2040500
26JUL2019	Fri	Alpha	37	1469000
26JUL2019	Fri	Omega	42	2856400
27JUL2019	Sat	Alpha	48	1902800
27JUL2019	Sat	Omega	49	3322400
28JUL2019	Sun	Alpha	33	1297650
28JUL2019	Sun	Omega	35	2382900

图 8.2

当使用该视图时，将生成一个日销售报表，表明每辆车的销量和利润。

这里，如果尝试创建一个 DEALERSHIP 视图（而非创建 SALES_MI 视图），情况又当如何？

当尝试创建一个包含已有数据集名称的视图时，将得到下列错误消息。

```
ERROR: Unable to create WORK.DEALERSHIP.VIEW because WORK.DEALERSHIP.DATA
already exists.
```

然而，如果打算创建一个之前已命名和定义的视图，SAS 将不会抛出错误消息，且能够覆写之前定义的视图。

8.1.3 利用视图提升性能

当展示基于视图的查询优化时，可创建一个较大的数据集。基于视图的性能优化步骤如下。

（1）使用下列代码创建较大的数据集。

```
Data Dealership_Looped;
   Do i = 1 to 1000000;
     Do j = 1 to n;
       Set Dealership Nobs=n Point=j;
       Output;
       End;
     End;
   Stop;
Run;
```

这里使用了销售商数据并循环百万次以生成一个包含 36000000 条记录的数据集。

（2）使用下列代码创建一个表，其中添加了一个新列并于随后在其上运行 Proc Means。

```
Proc SQL;
  Create Table Multiplier As
    Select *, Avg_Price*1.5 As Avg_new
  From Dealership_Looped;
Quit;
Proc Means Data = Multiplier;
Var Avg_New;
Run;
```

创建表和运行 Proc Means 的时间信息将被写入 LOG，如下所示。

```
NOTE: Table WORK.MULTIPLIER created, with 36000000 rows and 8
```

```
columns.

NOTE: PROCEDURE SQL used (Total process time):
      real time     36.48 seconds
      cpu time      33.13 seconds

NOTE: There were 36000000 observations read from the data set
WORK.MULTIPLIER.

NOTE: PROCEDURE MEANS used (Total process time):
      real time     25.34 seconds
      cpu time      25.01 seconds
```

（3）作为一种替代方案，还可创建一个包含新列的视图，并在其上运行 Proc Means。

```
Proc SQL;
  Create View Multiplier As
    Select *, Avg_Price*1.5 As Avg_new
  From Dealership_Looped;
Quit;

Proc Means Data = Multiplier_Alt;
Var Avg_New;
Run;
```

下面查看创建视图并在其上运行 Proc Mens 的时间信息。

```
NOTE: SQL view WORK.MULTIPLIER_ALT has been defined.

NOTE: PROCEDURE SQL used (Total process time):
      real time     0.01 seconds
      cpu time      0.01 seconds

NOTE: There were 36000000 observations read from the data set
WORK.DEALERSHIP_LOOPED.
NOTE: There were 36000000 observations read from the data set
WORK.MULTIPLIER_ALT.
NOTE: PROCEDURE MEANS used (Total process time):
      real time     38.21 seconds
      cpu time      40.38 seconds
```

当使用数据表时，Proc Means 花费了 62.22 s，而使用视图仅花费了 38.22 s。因此，当使用视图时，时间节省了 61%。大多数 SAS 用户往往会忽略视图，因而在大型数据集上造成时间上的浪费。在这个简单的示例中，较大的数据集包含了一些列，且未被连接至多个数据集上，并在运行 Proc Means 之前创建了一个简单的变量。针对表的复杂操作占用了大量的 CPU 时间，因而使用视图将更具意义。

这里，时间的浪费主要是大量的时间花费在表的创建过程中。包含 3600 万行记录的 dealership_looped 数据集将被读入内存，当再次运行 Proc Means 时，3600 万行数据将从多个表中被读取。而对于视图，我们仅从 dealership_looped 数据集中读取 3600 万行数据。当运行 Proc Means 时，底层视图引用了在创建视图时读取的相同的 3600 万行数据，且并未强制执行磁盘 I/O 操作。这意味着，使用视图时 Proc Means 所花费的时间将要少得多。

8.2 利用 Proc Means 执行修改操作

Proc Means 向用户提供了删除、修改和更新记录等选项。当在 Proc SQL 中介绍实现示例时，我们还将讨论 SAS 中的可用替代方案。其间还将使用包含 3600 万行记录数据集，进而计算完成这些任务时所占用的时间。虽然记录的数量较大，但数据集是一个较长的表，而不是一个较宽的表。在实际操作过程中，对应表可能会较宽，因而处理包含该结构的表所需的时间可能会更长。

8.2.1 删除操作

DELETE 语句的通用格式如下。

```
DELETE FROM table - name
  <WHERE expression>;
```

其中应了解以下事项。
- 表名反映了需要删除记录的表。
- 如果仅需要删除表中的某些记录，可选择 Where 语句。

在删除数据之前，将尝试生成数据的子集。下面首先删除经销商数据中循环生成的全部记录，并运行下列代码。

```
Proc Sql;
  Delete From Dealership_looped;
            Where i gt 1;
Quit;
```

在上述语法中，分号位于错误的位置。鉴于 Where 子句之前的分号，全部记录将从表中删除。此时，SAS 并不会抛出一条错误信息，但在删除记录之后，SAS 将在 LOG 中设置一个 NOTE，表明 SAS 不支持这种方式的 Where 子句。因此，不要将分号置于数据集名称之后，除非不包含 Where 条件。

下面移除数据集名称后的分号，并得到下列 LOG 消息。

```
NOTE: 35999964 rows were deleted from WORK.DEALERSHIP_LOOPED.

NOTE: PROCEDURE SQL used (Total process time):
      real time 2:32.45
      cpu time 2:29.17
```

同一 DELETE 语句还可在视图中指定的底层表中删除记录。

一种替代方法是使用内建过程删除记录。接下来使用 PROC DELETE 执行当前任务并比较所需的时间。Proc SQL 删除语法运行时并不使用 Where 条件，以便指定所花费的时间。

```
NOTE: 36000000 rows were deleted from WORK.DEALERSHIP_LOOPED.

75   Quit;
NOTE: PROCEDURE SQL used (Total process time):
      real time 1:31.46
      cpu time 1:29.89
```

可以看到，使用 PROC DELETE 删除数据集仅占用了 0.16 s，与使用不包含 Where 条件的 Proc SQL 相比（时间为 1:31:46），时间量显著降低。

```
NOTE: Deleting WORK.DEALERSHIP_LOOPED (memtype=DATA).
  NOTE: PROCEDURE DELETE used (Total process time):
      real time 0.16 seconds
      cpu time 0.14 seconds
```

PROC DELETE 代码如下。

```
Proc Delete Data=Dealership_looped;
Run;
```

利用上述过程，还可删除多个数据集。其中，数据集的名称可指定如下。

```
Data = Lib1.A Lib2.B Lib.C (genum = all);
```

指定 genum 选项可删除数据集的所有历史版本。

此外，还可利用 Datasets 过程删除数据集。

```
Proc Datasets Library=WORK;
```

```
   Delete Dealership_Looped;
Run;
```

上述代码花费的时间与 DELETE 过程基本相同。

注意，PROC DELETE 选项并不支持条件删除。下列 LOG 消息中显示了受该影响的一条警告消息。然而，LOG 中并未提及 dealership_looped 数据集已被删除。

```
73 Proc Delete Data=dealership_looped;
 74 Where i gt 1;
 WARNING: No data sets qualify for WHERE processing.
```

如果尝试删除一个数据集，建议使用内建的 DELETE 或 DATASETS 过程。但是，如果需要删除数据的子集，则可使用包含 Where 选项的 Proc SQL。

8.2.2 修改操作

当使用 ALTER 语句时，可删除列、修改列或添加列。该语句的通用形式如下。

```
ALTER TABLE table-name
    <DROP column-name-1<, ... column-name-n>>
    <MODIFY column-definition-1<, ... column-definition-n>>;
    <ADD column-definition-1<, ... column-definition-n>>
```

这里，table-name 指定了添加、删除或修改列的表名。

此外，还需要指定下列子句之一。

（1）DROP 针对删除的列指定了一个或多个列名。

（2）MODIFY 针对修改的列指定了一个或多个列定义。其中，列定义指定添加或修改的一个列，格式如下。

```
column-name data-type <(column-width)> <column-modifier-1
< ...column-modifier-n>>
```

（3）ADD 针对添加的列指定一个或多个列定义。

下面将删除 Dealership 表中的 i 列，这是一个循环变量且不具备任何数据意义，仅用于展示基于 Proc SQL 的 DELETE 选项。

```
Proc Sql;
 Alter Table Dealership_Looped
    Drop i;
Quit;
```

这里，LOG 消息并未清晰地表明所执行的动作。

```
NOTE: Table WORK.DEALERSHIP_LOOPED has been modified, with 6 columns.
```

在当前示例中，Dealership 表包含 6 个列，并在循环过程中添加 1 列（i）。因此，移除 1 列后仍保留了最初的 6 列计数。在删除 i 之前，表的局部视图如图 8.3 所示。

i	Date	Day	Car	Units	Team	Avg_Price
1	20JUL2019	Sat	Alpha	20	A1	39000
1	20JUL2019	Sat	Alpha	20	A2	39100
1	20JUL2019	Sat	Omega	25	A3	67000
1	20JUL2019	Sat	Omega	22	A4	68000
1	21JUL2019	Sun	Alpha	12	A1	39200
1	21JUL2019	Sun	Alpha	14	A2	39300
1	21JUL2019	Sun	Omega	16	A3	67500
1	21JUL2019	Sun	Omega	11	A4	67300
1	22JUL2019	Mon	Alpha	14	A1	39300
1	22JUL2019	Mon	Alpha	11	A2	39500

图 8.3

在删除 i 之后，表的局部视图如图 8.4 所示。

Date	Day	Car	Units	Team	Avg_Price
20JUL2019	Sat	Alpha	20	A1	39000
20JUL2019	Sat	Alpha	20	A2	39100
20JUL2019	Sat	Omega	25	A3	67000
20JUL2019	Sat	Omega	22	A4	68000
21JUL2019	Sun	Alpha	12	A1	39200
21JUL2019	Sun	Alpha	14	A2	39300
21JUL2019	Sun	Omega	16	A3	67500
21JUL2019	Sun	Omega	11	A4	67300
22JUL2019	Mon	Alpha	14	A1	39300
22JUL2019	Mon	Alpha	11	A2	39500

图 8.4

当准备 Sales MI 时，当前数据集包含了非常重要的变量。

如果打算利用 ALTER 语句修改 1 列，可对其执行下列更改操作。

❑ 输入格式。
❑ 格式。

- 标记。
- 字符变量的长度。

在 Dealership 表中，均价以美元计算。通过修改现有的变量，我们将指定一种格式。此外，还将修改 Car 变量的宽度，因为包含较长名称的其他车辆也将会添加到 MI 报表中。

目前，Dealership 表的属性如图 8.5 所示。

Column Name	Type	Length	Format	Informat	Label
DATE	Numeric	8	DATE9.		
DAY	Char	8			
CAR	Char	8			
UNITS	Numeric	8			
TEAM	Char	8			
AVG_PRICE	Numeric	8			

图 8.5

此处将使用下列代码修改列。

```
Proc Sql;
  Alter Table Dealership
Modify Car char(12),
Avg_Price format=Dollar11.2 label="Avg Price USD";
Quit;
```

我们指定了 Car 变量的新长度，同时还修改了 Avg_Price 变量的格式。进一步讲，这里向变量添加了一个标记。在新的表属性中，变化结果清晰可见，如图 8.6 所示。

Column Name	Type	Length	Format	Informat	Label
DATE	Numeric	8	DATE9.		
DAY	Char	8			
CAR	Char	12			
UNITS	Numeric	8			
TEAM	Char	8			
AVG_PRICE	Numeric	8	DOLLAR11.2		Avg Price USD

图 8.6

第 8 章 深入理解 Proc SQL

记住，可采用逗号分隔 ALTER 语句中的多个变量。在完成希望指定的更改之前，分号不应在 ALTER 语句之后使用。

ALTER 语句的另一个问题是向表中添加列。这里，管理层将使用 MI 报表确定每个团队的绩效评级。随后可确定团队的激励体制。对此，可通过下列代码向表中添加列。

```
Proc Sql;
  Alter Table Dealership
    Add Rating char(3),
        Incentive num format=Dollar11.2;
Quit;
```

这里并未向列中添加公式或逻辑内容。图 8.7 显示了包含新列的经销商表的局部视图。

Date	Day	Car	Units	Team	Avg_Price	Rating	Incentive
20JUL2019	Sat	Alpha	20	A1	39000		.
20JUL2019	Sat	Alpha	20	A2	39100		.
20JUL2019	Sat	Omega	25	A3	67000		.
20JUL2019	Sat	Omega	22	A4	68000		.
21JUL2019	Sun	Alpha	12	A1	39200		.
21JUL2019	Sun	Alpha	14	A2	39300		.
21JUL2019	Sun	Omega	16	A3	67500		.
21JUL2019	Sun	Omega	11	A4	67300		.
22JUL2019	Mon	Alpha	14	A1	39300		.
22JUL2019	Mon	Alpha	11	A2	39500		.

图 8.7

除了删除、修改和添加列，ALTER 语句还可用于向已有表添加/删除完整性约束。表 8.1 显示了完整性约束及其默认名称。

表 8.1

默认名称	约束类型	默认名称	约束类型
NMxxxx	非空	_PKxxxx_	主键
UNxxxx	唯一	_FKxxxx_	外键
CKxxxx	检查		

在 ALTER 语句中添加或删除完整性约束的子句如下。

```
<ADD constraint-specification-1 <, constraint-specification-2, ...>>
<DROP CONSTRAINT constraint-name-1 <, constraint-name-2, ...>>
```

```
<DROP FOREIGN KEY constraint-name>
<DROP PRIMARY KEY>
```

当使用 ALTER 语句时，应注意以下几项内容。

（1）不支持重命名。当重命名一列时，可使用 DATA 步骤或 Proc SQL 步骤。

（2）如果某个列包含一个已定义的索引，修改列值仍会保留针对该列定义的索引。如果删除某个列，那么列所在的全部索引也将被删除。

（3）当采用 ALTER 语句将列添加到表中时，缺失值也会被分配给该列。当分配值时，可将 UPDATE 语句与 ALTER 语句结合使用。

8.3 利用 Proc SQL 识别重复内容

在 Proc SQL 中，移除重复内容最为简单的方式是使用 Distinct 语句。我们将在 Dealership_Looped 数据集上使用该语句。其中，用作循环计数器的 i 列已被删除。

```
Proc Sql;
  Create Table Distinct_Dealership_Looped As
    Select Distinct *
    From Dealership_Looped
  ;
Quit;
```

当使用 Distinct 语句时，我们已经正确地识别了作为 DO LOOPS 的一部分内容创建的重复内容，当前仅剩下最初的 36 条记录。这可通过查看下列 LOG 进行确认。

```
NOTE: Table WORK.DISTINCT_DEALERSHIP_LOOPED created, with 36 rows
and 6 columns.

NOTE: PROCEDURE SQL used (Total process time):
      real time 1:56.01
      cpu time 1:05.78
```

接下来查看如果使用 PROC SORT，在运行时会出现哪些进展。毕竟，PROC SORT 是分析人员删除重复数据的最流行的方法。有些时候，一些分析人员会在计算资源方面遇到困难，并在大型数据库上执行 PROC SORT。然而，分析人员有时更倾向于使用 Where 条件、索引或其他方式尝试执行查询操作，而非移除重复性内容的替代方案。下面对后者稍做介绍，首先运行 PROC SORT 识别重复数据，如下所示。

```
Proc Sort Data = Dealership_Looped Nodupkey;
By _All_;
Run;
```

在运行时间方面,Proc SQL 和 Proc SORT 针对重复数据识别行为并无太大区别。值得注意的是,底层数据已经事先进行了排序,且未针对这一动作占用任何资源,因为排序是运行 PROC SORT 的强制性条件。

```
NOTE: There were 36000000 observations read from the data set
WORK.DEALERSHIP_LOOPED.
NOTE: 35999964 observations with duplicate key values were deleted.
NOTE: The data set WORK.DEALERSHIP_LOOPED has 36 observations and 6
variables.
NOTE: PROCEDURE SORT used (Total process time):
      real time 1:47.06
      cpu time 1:05.42
```

下面再次介绍之前的 Class 数据集,并查看观察数据 1、3、5、6、11 和 12,其 Height 值在两行数据中相似,如图 8.8 所示。

Obs	ClassID	Year	Age	Height	Weight
1	A1234	2013	8	85	34
2	A2323	2013	9	81	36
3	B3423	2013	8	80	31
4	B5324	2013	9	70	35
5	C2342	2013	9	80	31
6	D3242	2013	9	85	30
7	A1234	2019	14	105	64
8	A2323	2019	15	101	66
9	B3423	2019	14	100	61
10	B5324	2019	15	90	55
11	C2342	2019	15	112	70
12	D3242	2019	14	112	70

图 8.8

针对 Height 和 Age 变量,如果将这些相似值视为重复数据,则可利用 Proc SQL 识别和删除这些记录。

```
Proc Sql;
  Create Table Class_NoDuP_Height As
    Select Distinct(Height), ClassID, Year, Age, Weight
```

```
    From Class
      Group by Height
    Having Age = Max(Age);
Quit;
```

图 8.9 显示了生成的输出结果。

Obs	Height	ClassID	Year	Age	Weight
1	70	B5324	2013	9	35
2	80	C2342	2013	9	31
3	81	A2323	2013	9	36
4	85	D3242	2013	9	30
5	90	B5324	2019	15	55
6	100	B3423	2019	14	61
7	101	A2323	2019	15	66
8	105	A1234	2019	14	64
9	112	C2342	2019	15	70

图 8.9

在包含相似高度的记录中，年龄较大的记录被保留下来。相应地，我们可添加各种组合作为键，并在此基础上识别和删除重复数据。另外，作为键的一部分内容的变量需要在 HAVING 语句中出现。

通过 SUMMARY 语句，我们能得到类似的结果，如下所示。

```
Proc Summary Data=Class Nway;
Class Height;
Id ClassID Year Age Weight;
Output Out=Class_without_DupKey (Drop=_type_);
Run;
```

图 8.10 显示了生成的输出结果。

本节介绍了 3 种移除重复数据的方法。其中，SORT 过程是一种用于删除重复数据的占用大量资源的方法。当涉及删除记录时，请尝试考虑其他方法，即使读者已经使用了 SAS 一段时间，这仍不是一种较为直观的方法。下面返回至最初的 Dealership_looped 数据集，并查看 SUMMARY 在运行期时的执行方式。

```
Proc Summary Data = Dealership_Looped Nway;
  Class _All_;
    Output Out = Proc_Summary_Nway;
Run;
```

第 8 章　深入理解 Proc SQL

Height	ClassID	Year	Age	Weight	_FREQ_
70	B5324	2013	9	35	1
80	C2342	2013	9	31	2
81	A2323	2013	9	36	1
85	D3242	2013	9	30	2
90	B5324	2019	15	55	1
100	B3423	2019	14	61	1
101	A2323	2019	15	66	1
105	A1234	2019	14	64	1
112	D3242	2019	14	70	2

图 8.10

需要注意的是，Proc SQL 完成任务所需的时间是 1:56:01，而 PROC SORT 移除重复数据则花费了 1:47:06，SUMMARY 从 Dealership_looped 数据集移除重复内容所花费的时间则显著减少，即 00:21:97。

```
NOTE: PROCEDURE SUMMARY used (Total process time):
      real time 21.97 seconds
      cpu time 33.25 seconds
```

这证实了这样一种观点，即 PROC SORT 在移除重复数据时可能并不总是分析人员的最佳工具。

8.4　在 Proc SQL 中创建索引

如前所述，创建索引是处理大型数据集的一种有效方式。Proc SQL 提供了相关选项来创建、管理索引。

索引是在一个或多个变量上定义的一个辅助文件，这些变量被称作键列。索引可以是主索引或组合索引，即由一个或多个变量形成。索引存储了唯一的列值和方向，并可通过索引方式访问行。Proc SQL 的优点主要体现在，它不采用序列方法而是直接读取所需的记录，希望对索引的回顾能够引起读者对 DATA 步骤使用的示例的回忆。

下面创建一个简单的组合索引。本章使用了较小的数据集且不会包含数百个值。在此类数据集上，创建索引的效果并不明显。下列代码块有助于在任何数据集上定义索引。

```
Proc SQL;
 Create Index Team
  On Dealership(Team);
```

```
Create Index Composite
  On Dealership(Car, Team);
Quit;
```

下列 LOG 确认了索引已被成功地创建。

```
NOTE: Simple index Team has been defined.
NOTE: Composite index Composite has been defined.
```

除了检查 LOG，还可使用 DESCRIBE 语句；这将生成与表索引相关的详细信息。据此，可描述 Dealership 表。

```
Proc SQL;
  Describe Table Dealership;
Quit;
```

随后将在 LOG 中得到下列消息。

```
create table WORK.DEALERSHIP( bufsize=65536 )
  (
   Date num format=DATE9.,
   Day char(8),
   Car char(8),
   Units num,
   Team char(8),
   Avg_Price num
  );
create index Composite on WORK.DEALERSHIP(Car,Team);
create index Team on WORK.DEALERSHIP(Team);
```

另一种索引应用检查方式是指定 MSGLEVEL 选项。

```
Options Msglevel=i;
Proc SQL NoPrint;
  Select *
    From Dealership
      Where Team = 'A4';
Quit;
```

> **注意：**
> MSGLEVEL 选项并不会列出定义在表上的所有索引。

这将在 LOG 中生成下列消息。

```
INFO: Index Team selected for WHERE clause optimization.
```

如果知晓索引名称，则可在查询中对其加以指定。

```
Proc SQL NoPrint;
  Select *
    From Dealership (idxname = Team)
      Where Team = 'A4';
Quit;
```

某些时候，可能希望 SAS 忽略索引。对此，可执行下列代码。

```
Proc SQL NoPrint;
  Select *
    From Dealership (idxwhere = no)
      Where Team = 'A4';
Quit;
```

这将生成下列 LOG 消息。

```
INFO: Data set option (IDXWHERE=NO) forced a sequential pass of the
data rather than use of an index for where-clause processing.
```

最后，当删除 Dealership 表中的索引时，可执行下列代码。

```
Proc SQL NoPrint;
  Drop Index Team, Composite
    From Dealership;
Quit;
```

8.5　宏和 Proc SQL

第 7 章在介绍宏之前曾讨论了 Proc SQL 的基础知识。本节将在 Proc SQL 的基础上介绍宏，因为当采用 DATA 步骤时，宏的各项功能涵盖了大量的代码的功能。

Proc SQL 中的宏功能强大，这主要归因于与 SELECT 语句结合使用的 Into 子句。注意，Into 子句在生成表或视图时无法使用。SELECT 语句的 Into 子句可将计算结果或数据列（变量）值赋给宏变量。如果宏变量不存在，Into 将创建一个宏变量。另外，还可使用 Proc SQL 的 SQLOBS 宏变量查看 SELECT 语句生成的行（观察数据）数量。接下来通过一些实例讨论 Into 子句。

8.5.1　利用 Into 子句创建宏变量

我们已经知道，Dealership_Looped 表包含 3600 万个观察数据。那么，如何将其值存储于一个宏变量中。根据前述章节对宏的理解，可利用下列命令生成包含值的宏变量。

```
%Let n = 36000000;
```

在 Proc SQL 中，替代方法如下。

```
Proc SQL;
  Select Count(*) Into: n_sql
    From Dealership_Looped;
Quit;
```

当运行上述命令时，对应结果为 36000000。

```
%Put n_sql is &n_sql;
n_sql is 36000000
```

Into 子句非常有用，因为在缺少行数的前期信息下，仍可创建一个宏变量以保存行计数值。当编写动态填充数据集的宏定义时，Into 子句使用起来十分方便。

8.5.2 利用 Into 子句创建多个宏变量

Into 子句不仅限于创建单一宏变量。下面将 Dealership 表中各团队的名称存储于多个宏变量中。

```
Proc SQL;
  Select Distinct Team Into: Teams
    From Dealership;
Quit;
```

运行上述命令将在显示窗口中生成如图 8.11 所示的输出结果。

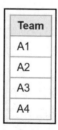

图 8.11

输出结果似乎表明，所形成的宏变量包含 4 个值，所以可能包含多个宏变量保存每个团队的名称。实际结果并非如此。生成的输出结果包含变量名 Team，而我们请求的则是 Teams 宏变量。上述代码仅生成了一个宏变量，即查找到的团队的第 1 个值。

另外，在创建宏定义时，可能希望限制每次使用 Into 子句时生成的输出结果。对此，可使用 NOPRINT 选项。同时，通过运行下列语句并查看 LOG 中的值，我们可以确定当前仅创建了一个宏变量。记住，LOG 中涵盖了大量与代码执行相关的信息。

```
%Put Teams is &Teams;
Teams is A1
```

这里的错误在于，我们从未指定过想要的宏变量名称。修改错误后如下所示。

```
Proc SQL NoPrint;
  Select Distinct Team Into: Team1- :Team4
    From Dealership;
Quit;

%Put Team1 is &Team1;
%Put Team2 is &Team2;
%Put Team3 is &Team3;
%Put Team4 is &Team4;
```

这将生成下列 LOG 消息。

```
Team1 is A1
Team2 is A2
Team3 is A3
Team4 is A4
```

如果不打算在结果窗口中输出，而不是宏变量只有一个值 A1，且仅需要一个宏变量并包含 Team 变量的所有值，情况又当如何？对此，可执行下列查询。

```
Proc SQL NoPrint;
  Select Distinct Team Into: Teams Separated by ","
    From Dealership;
Quit;

%Put Teams is &Teams;
```

此时 LOG 中将显示下列消息。

```
Teams is A1,A2,A3,A4
```

接下来尝试整合 Into 子句并创建一个宏定义，进而输出一个循环的 Dealership_looped 数据集。其中，循环的数量由基础 Dealership 数据集中的行数进行驱动。

```
%Macro Loop_Dealership_Table;
```

```
Proc SQL NoPrint;
  Select Count(*) Into: Count
From Dealership;
Quit;

Data Dealership_Looped (Drop=i);
  do i = 1 to 1000000;
    do j = 1 to &Count;
      set Dealership nobs=n point=j;
      output;
    end;
  end;
  stop;
Run;

%Mend;

%Loop_Dealership_Table;
```

上述宏将生成 Dealership_Looped 数据集，其中包含了 3600 万条记录。

8.6 本章小结

  本章介绍了与视图相关的各种概念，其间介绍了视图的各种优点，包括保护敏感信息的核心优势、简化编码过程，以及可使用源数据的最新版本。除此之外，我们还学习了视图针对查询的优化方式。当介绍删除列和行、修改列和添加列时，操控数据仍是本章的中心主题。作为其中一部分内容，本章探讨了重复数据的识别问题。这里，我们将 Proc SQL 与常用的 Proc SORT 重复数据删除技术进行了比较，并讨论了 SUMMARY 过程在此任务中的不常见用途。

  本章还讨论了与索引相关的主题，其中包括索引的创建、控制、监控和删除。最后，我们介绍了 Proc SQL 中的宏以及重要的 Into 子句。其间，我们创建了一个宏定义，并突出显示了 Into 子句的多功能性。本章内容将为读者编写高级 Proc SQL 代码打下坚实的基础。

  第 9 章将介绍 SAS 中的数据可视化。

第 5 部分

数据可视化和报表

这一部分主要讨论报表功能和输出样式,进而为读者呈现一个数据流程,提供终端里程连接并帮助展示分析数据的结果。

第 5 部分主要包括以下章节。

- ❑ 第 9 章,数据可视化。
- ❑ 第 10 章,报表机制和输出传送系统。

第 9 章 数据可视化

前述章节已经运行了各种程序并使用了大量的函数，生成某种基于表格或图表显示的输出结果。输出结果的可视化操作在 SAS 开发过程中扮演了重要的角色。作为一名数据使用者，我们需要通过可视化元素讲述数据流程。默认情况下，某些内建 SAS 过程可生成图形化结果。本章将介绍如何生成图表并控制输出结果选项的各种因素。注意，数据可视化并不存在单一或所谓的正确方法。在阅读完本章后，读者将能够通过各种技术获取数据可视化的洞察结果，并以喜爱的方式展示数据流程。SAS 涉及多种图表，本章主要关注一些较为重要的图表，以帮助传达想要的数据消息。

本章主要涉及以下主题。
- ❑ 数据可视化在分析中饰演的角色。
- ❑ 直方图。
- ❑ 线图。
- ❑ 垂直和水平条形图。
- ❑ 散点图。
- ❑ 箱形图。

9.1 数据可视化在分析中饰演的角色

"一图胜千言"，这句俗语同样适用于分析领域。当今，大多数组织机构都十分重视大数据的应用，数据可视化的重要性也随之提升。要充分发挥大数据的潜力，首先需要了解底层数据的含义。在传递数据的洞察结果时，可视化饰演了重要的角色。注意，仅数据汇总结果需要被可视化，如果该图形传达了与数据相关的强烈信息，那么将有可能根据图形内容采取相应的动作。数据可视化包含以下几个原因。
- ❑ 信息可通过数据被快速提取。
- ❑ 理解相关趋势或模式。
- ❑ 与表格格式的数字相比，图形则更容易理解。
- ❑ 可长时间获取用户的关注点。
- ❑ 借助于特定的图表（如箱形图、散点图），可方便地识别异常值。
- ❑ 将操作行为从收集和分析数据的方法转移至数据的推断。

9.2 直方图

直方图的确切用途是，通过绘制出现在某些值范围内的观察频率评估给定变量的概率分布，最初由 Karl Pearson 提出。在最简单的形式中，直方图在被称为 bin（直方图中的条状图案）的数值范围内绘制变量的频率。本章首先讨论直方图，该图可视为最简单的图表，且仅容纳一个变量。稍后还将添加一个密度曲线以进一步丰富其信息，但这里首先介绍直方图的基本形式。对此，我们将使用前述章节中的 Class 数据集。

```
Proc SGPLOT Data = Class;
  Histogram Height;
  Title 'Height of children in class across years';
Run;
```

> 注意：
> Class 数据集中的唯一变化是，变量 Weight 在本章被重命名为 Weights。

这将生成如图 9.1 所示的输出结果。

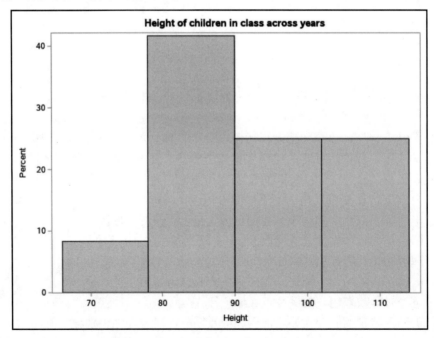

图 9.1

第 9 章 数据可视化

在数据集中的 12 个观察数据中，一名孩子的身高等于 70 个单位，对应的观察数据包含在第 1 个 bin 中。该观察数据约占观察数据总数的 8%。如图 9.1 所示，大约 40%的观察数据的高度位于 80 至 90 个单位之间。当查看高度在数据集中的分布情况时可以看到，ClassID B5324 的高度（70）看起来是一个异常值。对此，可通过下列代码移除这一观察数据。

```
Proc SGPLOT Data = Class;
  Histogram Height;
  Title 'Height of children in class across years';
  Where ClassID ne 'B5324';
Run;
```

这将生成如图 9.2 所示的输出结果。

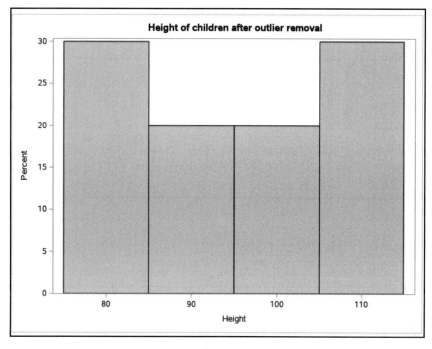

图 9.2

虽然移除了整体学生数据中的异常值，但我们知道 Class 数据集包含了 2013 年和 2019 年的观察数据。可以肯定的是，在这 6 年间，学生的身高会发生变化，毕竟这些学生都处于生长期。我们将使用下列代码针对观察数据年份创建直方图面板。

```
Proc SGPANEL Data=Class;
  Panelby Year / Rows=2 Layout=Rowlattice;
```

```
  Histogram Height;
Run;
```

图 9.3 清晰地显示了不同年份中观察数据的身高差异。

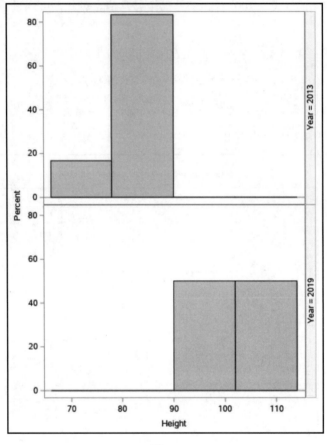

图 9.3

其中，Panelby 语句可在面板中创建直方图。另外，Rows 指定了数据中的分组数量。在当前数据集中，高度在年份间并不重叠。可以看到，生长突增已处于结束状态；当查看下方面板时，学生的高度似乎并未继续增高。但实际情况并非如此。2019 年，x 轴在较大的带状跨度上包含了高度值，并置于两个 bin 中。两个 bin 包含相同的频率，即 50%。然而，这并不意味着 2019 年学生的高度均相同。

数据可视化有助于实现数据的正确解释。在某些情况下，我们无法同时向终端用户展示数据和图形。数据可视化可简化绘制推断和洞察结果的生成过程。

一种简化直方图的方法是控制 bin 的数量和尺寸。相应地，可使用下列代码实现这一要求。

```
Proc SGPLOT Data = Class;
  Histogram Height / Binstart=70 Binwidth=.5 Scale=count;
  Title 'Height of Class in Customized Bins';
Run;
```

图 9.4 显示了一个极端示例，其中创建了一个在某一范围内较小的 bin，最终 bin 的数量等于观察数据的数量。另外，还可使用 NBins 选项控制 bin 的数量。

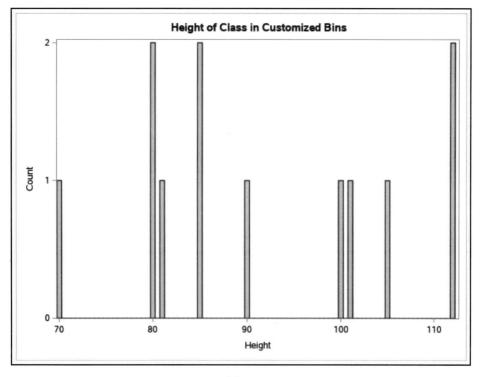

图 9.4

在定义直方图时我们曾谈到，在理解变量的概率分布时，直方图十分有用。

接下来绘制一条密度曲线。在 SGPLOT 的情况下，默认状态下，该曲线是一条正规密度曲线。另外，参数可从对应数据中进行评估。

```
Proc SGPLOT Data = Class;
  Histogram Height;
  Density Height;
```

```
 Title 'Height of children in class across years';
Run;
```

这里尝试将密度曲线绘制到同一图像中，如图 9.5 所示。

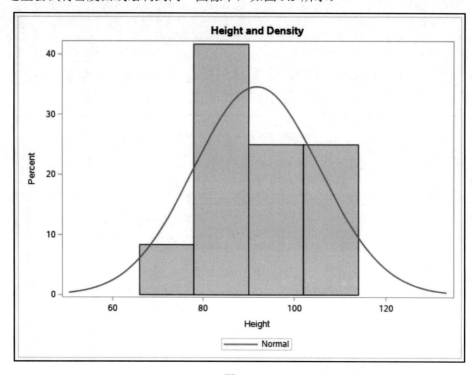

图 9.5

尽管本章并不会深入讨论概率分布函数，但我们将通过一个示例并借助直方图绘制多个密度函数。

```
Proc SGPLOT Data = Class;
  Histogram Height;
  Density Height;
  Density Height / Type= Kernel;
  Keylegend / Location = Inside Position = TopRight
  Across = 1 Title = 'Density Curves';
  Title 'Height and Density with Multiple Curves';
Run;
```

其中，Type 选项指定了密度函数，该选项包含 Normal 或 Kernel。其中，Normal 选项根据均值和标准差指定了一个正态分布；而 Kernel 选项则指定了一个非参数核密度评估。

　　Keylegend 语句提供了一个图例以理解已经绘制了哪些曲线。该语句包含多种选项，如地点、位置、交叉和标题。另外，地点可位于图表面板的内部或外部。如果指定了 Down 选项而非 Across 选项，那么将得到一个密度函数的水平列表，而非密度函数名称的堆叠列表，如图 9.6 所示。

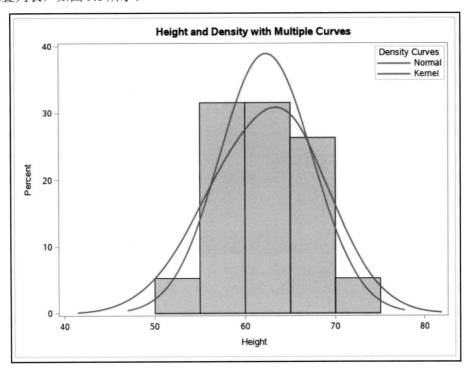

图 9.6

　　之前曾在同一图表但不同的面板中创建了两个直方图，这里的问题是，如何绘制其密度函数，同时能够比较直方图。对此，可通过下列代码在同一面板中通过分组方式创建直方图，并生成多个密度图。

```
Proc SGPLOT Data=Class;
  Histogram Height / Group=Year Transparency=0.5;
  Density Height / Group=Year;
Run;
```

　　这将生成如图 9.7 所示的输出结果。
　　因此，在同一面板中，通过分组方式可创建直方图，并生成多个密度图。

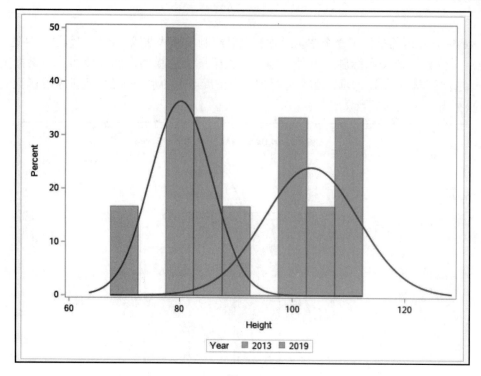

图 9.7

9.3 线　　图

本节介绍最基本的线图格式及其图表的更多方面。对此，采用下列查询可创建一个线图，并关注其中 Age 变量的频率。

```
Proc SGPLOT Data=Class;
  Vline Age;
  Title 'Basic Form of Line Chart using SGPLOT';
Run;
```

这将生成如图 9.8 所示的输出结果。

其中，Age 仅存在 4 个数据点，且 y 轴包含了每个数据点的频率。

图 9.8 仅包含一个序列，如果针对 Class 数据集运行下列代码，将不会得到有意义的输出结果。这里，我们将采用第 1 章中的 Cost_Living 数据集绘制包含多个序列的线图。

```
Proc SGPLOT Data=Cost_living;
```

```
  Series X=City Y=Index / Legendlabel="Current Yr Index";
  Series X=City Y=Prev_Yr_Index / LEGENDLABEL="Previous Yr Index";
  YAxis Label="Current vs Previous Index";
  Title 'Multiple Series in Line Chart';
Run;
```

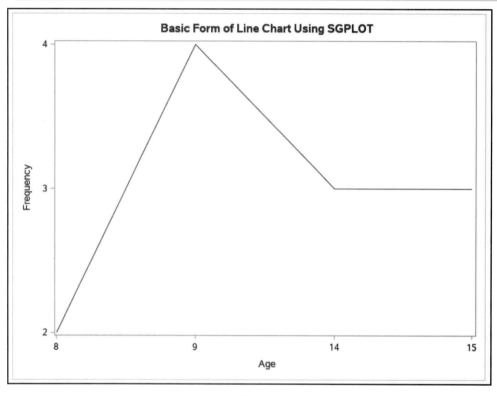

图 9.8

在图 9.9 中，针对 x 轴上显示的每个 City，我们得到了绘制在 y 轴上的两个序列。

目前，我们尚未使用第 2 个 y 轴或 z 轴来绘制任何序列。对此，可通过第 3 个序列对两个序列进行分组以实现这一点，如下所示。

```
Proc SGPLOT Data=Class;
  Vline Age / Response=Height Stat=Mean Markers;
  Vline Age / Response=Weights Stat=Mean Markers Y2AXIS;
  Title 'Age with Response Variables';
Run;
```

这将生成如图 9.10 所示的输出结果。

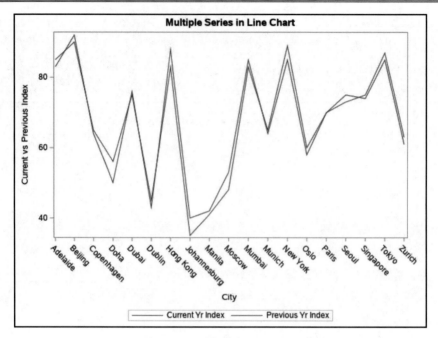

图 9.9

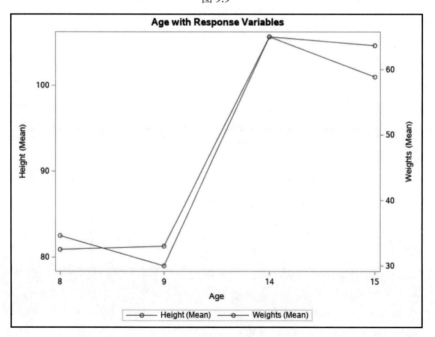

图 9.10

从输出结果中可以推断，即使 Age 从 8 增至 9，并于随后从 14 增至 15，平均身高呈下降趋势。这可能是由于一个观察数据与其他观察数据相比，某个（些）观察数据包含较小的高度值，而这一（些）异常值拉低了均值。当查看数据并查找异常值时，可以看到 ClassID B5324 在 9 岁时的身高为 70 个单位；在同一年龄时期，其他 ClassID 则包含 80、81 和 85 个单位的高度值。同一 ClassID 5324 在 9 岁时包含 90 个单位的高度值，而在同一年龄时期，其他 ClassID 则包含 101 和 112 个单位的高度值。这里，ClassID 拉低了平均值，这一点可清晰地在图 9.10 中看出。

截至目前，前述图表尚未简单地回答学生身高或体重增长这一问题。当创建这一缺失的可视化部分时，可对 Class 数据集进行排序，并确保按照 ClassID、Year 和 Height 进行排序。

```
Proc Sort Data = Class Out=Delta;
  By ClassID Year Height;
Run;
```

接下来，将简单地运行 Proc SGPLOT，并按照 ClassID 将变量分组。

```
Proc SGPLOT Data=Delta;
Series X=Year Y=Height / Group=ClassID;
Title 'Change in Height';
Run;
```

这将生成如图 9.11 所示的输出结果。

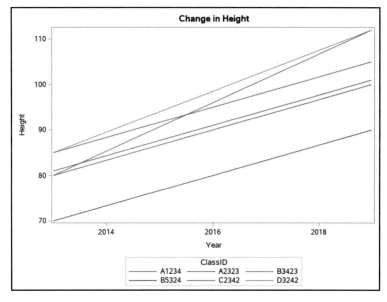

图 9.11

图 9.11 展示了班级中每名学生身高变化的可视化结果。

9.4 垂直条形图和水平条形图

垂直条形图并不是直方图。记住，本章看到的第一个图表是一个直方图，其 y 轴总长为 100%，这一点并不会出现于每个垂直条形图中。另外，正如基于密度曲线的概率分布中所看到的那样，直方图不仅仅是数据的垂直表示。

本节将介绍垂直条形图如何进一步丰富数据的可视化内容，首先查看一个简单的示例。

```
Proc SGPLOT Data=Class;
  VBar Height;
  Title ' Basic Form of Vertical Chart';
Run;
```

这将生成如图 9.12 所示的输出结果。

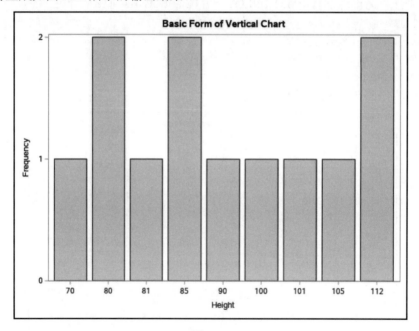

图 9.12

其中存在 3 个 Height 数据点且频率都为 2。

截至目前，前述内容仅讨论了一些数据轴选项，下面将讨论一些基本的垂直图表并尝试某些图表选项。

```
Proc SGPLOT Data=Class;
  VBar Height / Dataskin=Gloss Stat=PCT;
  Title 'Vertical Gloss Chart with PCT';
Run;
```

这将生成如图 9.13 所示的输出结果。

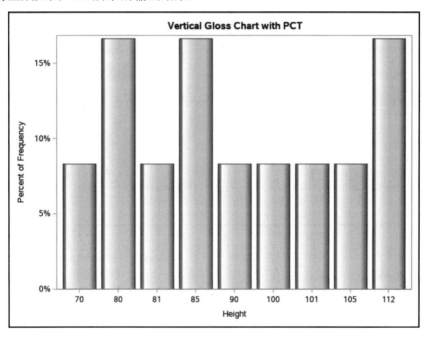

图 9.13

Dataskin 的其他选项还包括 Crisp、Matte、Pressed 和 Sheen，且默认选项为 None。Stat 的其他选项为 Mean、Medium 和 Sum，且默认选项为 freq。

在当前图表中，另一个需要控制图表的方面是条形之间的间隔。对此，可使用 Barwidth 选项。

```
Proc SGPLOT Data=Class;
  VBar Height / Dataskin=Sheen Barwidth=0.5;
  Title 'Vertical Sheen Chart with Spread Out Bars';
Run;
```

结合 Barwidth 选项，我们修改了 Dataskin，如图 9.14 所示。

Barwidth 选项的范围定义为 0~1。该值越大，条形之间的间隔也就越大。Barwidth 通过修改条形的宽度实现了这一操作。

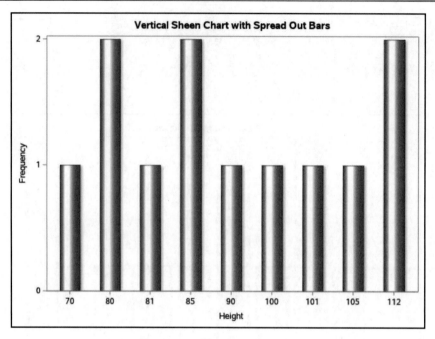

图 9.14

在某个阶段,我们可能需要在图表上标记数据点,这也是 Datalabel 选项的用武之地。

```
Proc SGPLOT Data=Class;
  VBar Height / Datalabel Datalabelattrs=(family='Albany AMT'
  size=10pt color=red);
  Title 'Chart with Datalabel';
Run;
```

这将生成如图 9.15 所示的输出结果。

其间指定了数据标记的字体、大小和颜色。

当使用 Fillattrs 选项时,可指定垂直条形图的填充颜色。Filltype 包含两个选项,即 Solid 和 Gradient。其中,Solid 是几乎所有图表中的默认选项。

```
Proc SGPLOT Data=Class;
  VBar Height / Datalabel Datalabelattrs=(Family='Albany AMT'
  Size=10pt Color=Red)
  Fillattrs=(Color=Blue) Filltype=Gradient;
  Title 'Chart with Color and Gradient';
Run;
```

这将生成如图 9.16 所示的输出结果。

第 9 章 数据可视化

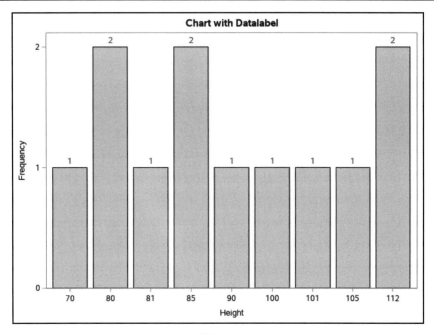

图 9.15

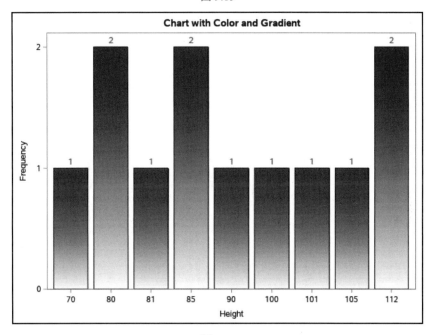

图 9.16

SGPLOT 过程还可以根据统计度量结果构建图表，这些统计度量结果可被视为各种过程的输出结果的一部分。这里，我们将使用 Means 过程计算均值和其他统计度量值。

```
Proc Means Data=Class Alpha=.05 CLM Mean Std NoPrint;
  Class Year;
  Var Height;
  Output Out=ClassMean UCLM=UCLM LCLM=LCLM Mean=Mean;
Run;
```

Proc Means 的输出数据集用于 SGPLOT 语句，进而生成垂直条形图。之前用于生成图表的 Vbar 语句则被替换为 Vbarparm 语句。

```
Proc SGPLOT Data=ClassMean;
  Vbarparm Category=Year Response=Mean / Datalabel;
Run;
```

这将生成如图 9.17 所示的输出结果。

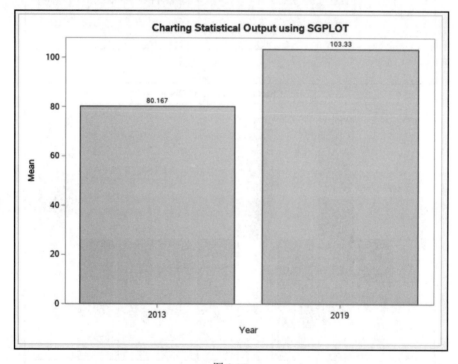

图 9.17

此处包含了 Datalabel 选项以输出均值。

SGPLOT 过程包含某些内建统计度量，我们在使用响应图表创建 Age 时曾使用平均值展示这些度量值。可以使用 SGPLOT 过程创建与上述图表类似的输出结果，而无须运行 Proc Means。

```
Proc SGPLOT Data=Class;
 Vbar Year / Response = Height Stat=Mean Limits=Upper
 Datalabel;
 Title 'Alternative Method for Charting Statistical Output';
Run;
```

这将生成如图 9.18 所示的输出结果。

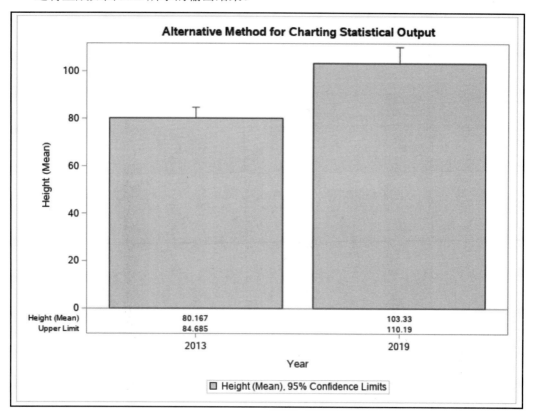

图 9.18

类似于生成图表的 SGPLOT，有两个垂直条形图表示年份，并采用 Datalabel 表示平均值。此外，还可计算上限并在图表中予以显示。

另外，通过下列代码，还可在同一图表中包含多个统计度量。

```
Proc SGPLOT Data=Dealership;
  Vbar Day / Response = Units Stat=Mean Fillattrs=(Color=Blue)
  Datalabel Datalabelpos=Data;
  Vbar Day / Response = Units Stat=Median Datalabel
  Datalabelpos=Bottom Fillattrs=(Color=Red)
  Barwidth=0.5 Transparency=0.7;
  YAxis Display=None;
  Title 'Overlaying Vertical Bars';
Run;
```

这将生成如图 9.19 所示的输出结果。

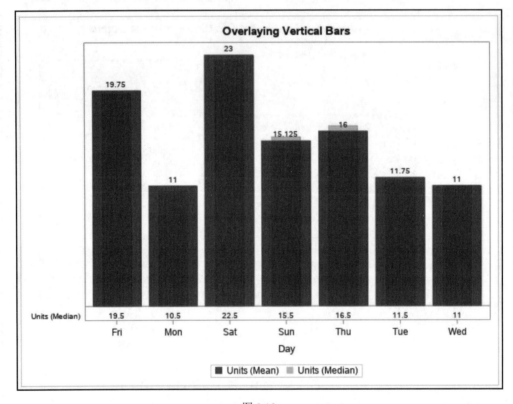

图 9.19

当两个图表重叠时，可对此添加透明度选项，该选项的范围为 0～1。其中，值越高，条形图案越透明。相应地，条形图底部为中位数，而条形图顶部为平均值。当采用这一方法时，即可重叠多个图表。如果尝试绘制的测量规模有所不同，可能还会产生其他问题。

条形图通常用于分组变量，下列代码将对不同年龄组和身高的学生分组。

```
Proc SGPLOT Data=Class;
  Vbar Age / Group= Height Stat=Percent Datalabel Datalabelpos=Data;
  Title 'Vertical Grouped Bar Chart';
Run;
```

这将生成如图 9.20 所示的输出结果。

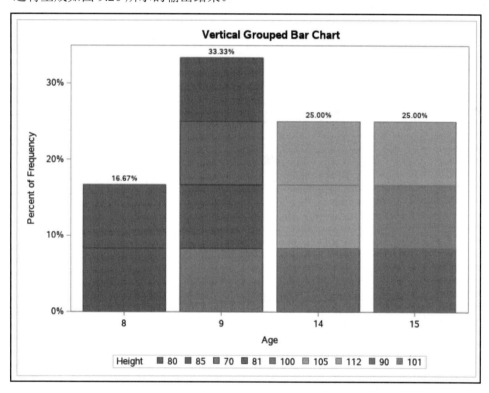

图 9.20

除了使用 Hbar 语句而非 Vbar 语句，水平条形图的代码基本类似。

```
Proc SGPLOT Data=Class;
  Hbar Height;
  Title 'Horizontal Bar Chart';
Run;
```

这将生成如图 9.21 所示的输出结果。

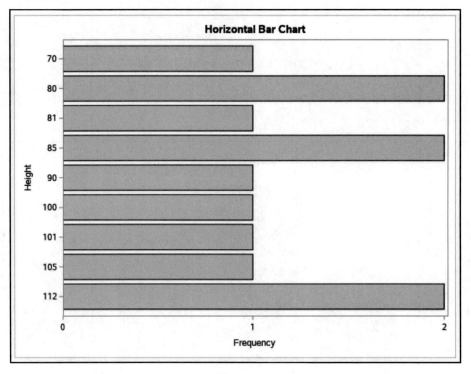

图 9.21

9.5 散点图

散点图用于确定已绘制的变量之间是否存在相关性。

前述内容曾使用过 Cost_Living 数据集，读者可能还记得 Other 变量。目前，我们尚不知晓该变量如何影响每个城市的生活成本指数，本节尝试使用散点图来理解 Other 和 Index 之间的关系。

我们首先介绍散点图的简单形式，随后尝试添加 SAS 环境中散点图提供的相关选项和功能。

```
Title "Index and Other Relationship";
  Proc SGPLOT Data=Cost_Living;
  Scatter X=Index Y=Other;
Run;
```

这将生成如图 9.22 所示的输出结果。

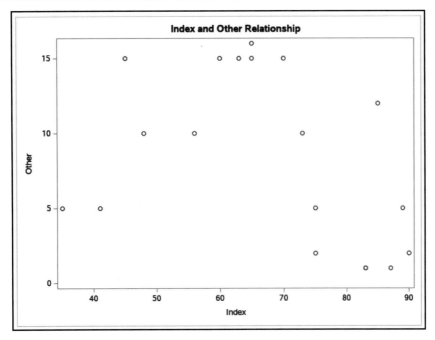

图 9.22

从数据集中可知，Other 值的范围为 1~16。除当 Index 值为 35 时 Other 值为 5，Johannesburg 和 Manila 的 Other 值为 41 之外，只有 Index 值为 75 或更高时 Other 值为 5 或更低。实际上，当 Index 值处于 Index 变量所能提供的值的中间范围时，Other 值就会达到最大值。

这似乎表明，在指数值的低端和高端，人们的支出趋向于 Other 分类。

Index 的其他有效部分可以解释大部分支出的去向。然而，在 Index 值的中间范围内，Other 变量较大，这意味着，有效变量并未捕捉到个人在生活成本方面的支出。在此基础上，我们还可以提出更多的假设。对此，我们可以从相关数据集中创建两个变量的散点图。

下面将对两个变量进行分组，并查看这些变量与分组之间的关系。

```
Title "Index and Prev Year Index's relationship with Housing";
 Proc SGPLOT Data=Cost_Living;
  Scatter X=Index Y=Prev_Yr_Index / Group=Housing
  Markerattrs=(Symbol=Circlefilled Size=3.5mm);
Run;
```

这将生成如图 9.23 所示的输出结果。

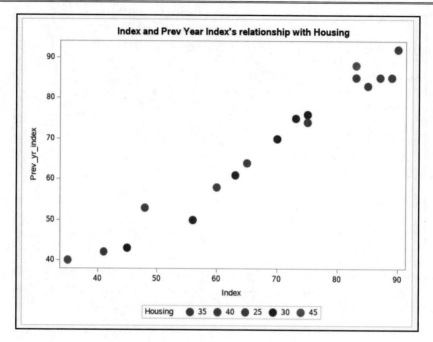

图 9.23

图 9.23 显示了 Index 和上一年 Index 值之间的线性关系。实际上,当用作分组变量时,数据集中的全部变量在 Index 和前一年的 Index 之间显示了相似的关系,这可能是因为生活成本指数是一个变化缓慢的数据元素,与其他城市相比,其增长或减少速度较慢。如果将 Index 在 10 年或更久的时间内进行比较,我们可能不会看到图 9.23 中的线性关系。

这里使用了 Circlefilled 选项以使颜色效果更加突出,同时还使用了 Size 选项以进一步丰富视觉内容。最终得到了比默认尺寸场景更大的圆形图案。

接下来将恢复为 Class 数据集并创建面板散点图。

```
Title 'Scatter via SGPANEL';
  Proc SGPANEL Data=Class;
  Panelby Year;
  Scatter X=Height Y=Weights;
Run;
```

这将生成如图 9.24 所示的面板散点图。

注意:

我们采用 SGPANEL 过程生成一个散点图。可以看到,散点图还可在 SGPLOT 过程之外被创建。除此之外,还存在其他 SAS 过程可生成散点图和其他图形。

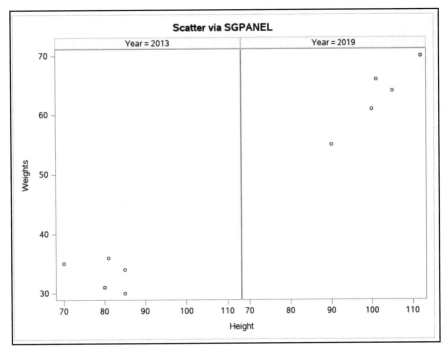

图 9.24

假设打算从 Dealership 数据集中获取不同天数的均价的标准误差。对此，可创建数据集以计算每天的均价，计算每天均价的标准误差，将标准误差存储到一个宏变量中，并于随后创建一个新的数据集，其中涵盖所有的必需信息，以在散点图上绘制标准误差。

```
Proc Sql;
  Create Table Day As Select Day, Avg(Avg_Price) as Avg_Price From
Dealership
    Group By 1;
Quit;

Proc Summary Data=Day;
  Var Avg_Price;
  Output Out=Day_Temp Stderr=Avg_Price_Stderr;
Run;

Proc Sql NoPrint;
  Select Avg_Price_Stderr Into: Avg_Price_Stderr From Day_Temp;
Quit;

Proc Sql;
```

```
 Create Table Day_Stderr As Select *, Avg_Price-&Avg_Price_Stderr as
Lower,
    Avg_Price+&Avg_Price_Stderr as Upper From Day;
Quit;

Title 'Scatter Std Error';

Proc SGPLOT Data=Day_Stderr;
  Scatter X=Day Y=Avg_Price / YErrorLower=Lower YErrorUpper=Upper;
Run;
```

这将生成如图 9.25 所示的输出结果。

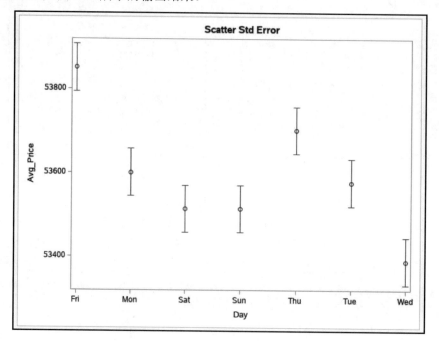

图 9.25

从图 9.25 可以推断，均价的标准误差变化不大，但实际上，均价的变化十分显著。

9.6 箱形图

箱形图是以分组方式组织的测量图。箱形图显示了一组平均值、四分位数、最小值和最大值，其优点在于，可显示变量的位置、分布和异常值，并提供对数据偏、斜度的洞察结果。

```
Title 'Basic Form of Box Plot';
 Proc SGPLOT Data=Class;
 VBox Height / Category=Year;
Run;
```

这将生成如图 9.26 所示的输出结果。

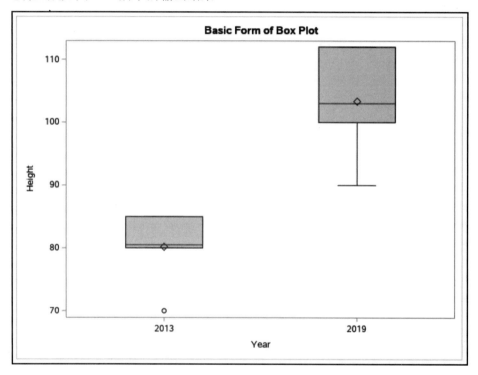

图 9.26

从箱形图中可以看到，与 2013 年相比，在 2019 年中，学生的身高方差更大。针对前述 SGPLOT 过程，作为一种替代方案，还可使用内建的箱形图过程。

```
Proc Boxplot Data=Class;
 Plot Height*Age;
 Inset Min Mean Max Stddev / Header='Height Statistics' POS=RM;
Run;
```

这将显示如图 9.27 所示的输出结果。其中，右侧显示了相应的统计信息。

从图 9.27 中可以推断，随着 Age 的增长，同一 Age 组中的 Height 变化更大。

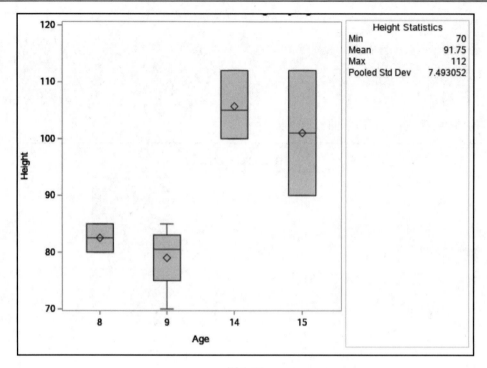

图 9.27

9.7 本章小结

  在本书中,介绍了各种程序,以便创建、组合、重新格式化、转置和汇总数据集,并执行与数据相关的其他任务。本章介绍了数据可视化所扮演的角色,并通过各种图表细化数据流程。在不同的图表中绘制同一数据可凸显图表的优点和缺点。但对于数据来说,适合所有数据的单一图表并不是最佳选择方案。

  第 10 章将学习报表机制和输出传送系统。

第 10 章 报表机制和数据传输系统

本章我们将学习如何将输出结果发送至外部系统、控制发送内容，以及如何在外部系统创建的文件中格式化输出结果。对此，我们将采用输出传输系统（ODS）。ODS 可帮助我们将 SAS 中的输出结果写入特定目标。相应地，SAS 支持两种目标类型，对应的目标和各种格式如下。

（1）SAS 格式化目标。
- 文档。
- 列表。
- 输出。

（2）第 3 方格式化目标。
- Excel。
- PowerPoint。
- EPub。
- HTML。
- 富文本格式（RTF）。
- 目标的打印机系列。
- 目标标记系列。

本书默认的 ODS 目标为输出（output）。此时，内部数据结构和最终的输出结果彼此相似。文档（document）目标可重新排列、重构和重新格式化输出数据，且无须再次运行代码。列表（listing）输出则可生成之前 SAS 版本支持的输出结果的相同观感。

本章将重点讨论第三方目标，其间将主要介绍 Excel。一旦数据发送至 Excel 后，焦点便集中于 Excel 上，因为这提供了较大的机会重新格式化数据并返回进一步的分析结果。稍后将在其他过程的基础上介绍 Tabulate 过程。

本章主要涉及以下主题。
- Proc Tabulate。
- 指定 ODS 目标。
- 格式化 ODS 文件。
- ODS Excel。

10.1 Proc Tabulate

在一些 SAS 所支持的统计汇总函数中,第 4 章中讨论了 Proc Means、Proc Summary 和 Proc Freq。Tabulate 过程涵盖了其中的许多特性,对于报表的发布来说,这可视为一种较为理想的方法。Tabulate 并无特别之处,但更擅长处理多个变量和多个类级别、计算多个统计结果并将其打包,以便发布最终的结果。

10.1.1 比较多个 Proc Mean 和 Proc Tabulate

本节将重新访问第 4 章的 Proc Mean 示例,并使用如图 10.1 所示的 Customer_X 数据集。

ID	Class	Height	Weight	Football	Basketball	Hockey
1	A	Over5.7	Above50	1	0	1
2	A	Over5.7	Above50	1	1	0
3	B	Over5.7	Below50	1	1	.
4	B	Under5.7	Below50	1	1	1
5	A	Over5.7	Below50	1	1	1
6	A	Over5.7	Above50	1	.	1

图 10.1

针对全部数据集和两类 Height 变量,下面将生成 Basketball 运动员身高的均值。为了生成整体平均值,可运行下列代码。

```
Proc Means Data=Customer_X;
  Var Basketball;
Run;
```

这将生成如图 10.2 所示的输出结果。

The MEANS Procedure				
Analysis Variable : Basketball				
N	Mean	Std Dev	Minimum	Maximum
5	0.8000000	0.4472136	0	1.0000000

图 10.2

第 10 章 报表机制和数据传输系统

为了生成 Height 变量中的各类均值，可运行下列代码。

```
Proc Means Data=Customer_X;
  Class Height;
  Var Basketball;
Run;
```

这将生成如图 10.3 所示的输出结果。

The MEANS Procedure

Analysis Variable : Basketball

Height	N Obs	N	Mean	Std Dev	Minimum	Maximum
Over5.7	5	4	0.7500000	0.5000000	0	1.0000000
Under5.7	1	1	1.0000000	.	1.0000000	1.0000000

图 10.3

为了与 Proc Tabulate 进行比较，可运行下列代码。

```
Proc Tabulate Data=Customer_X;
  Class Height;
  Var Basketball;
  Table Basketball*Mean, Height All;
Run;
```

我们将得到如图 10.4 所示的 Proc Tabulate 整体均值和 Height 输出结果。

		Height		All
		Over5.7	Under5.7	
Basketball	Mean	0.75	1.00	0.80

图 10.4

在上述输出结果中，Proc Tabulate 的输出结果在单一表中可用，而在使用 Proc Mean 过程时，相同的信息则分布于两个输出结果中。因此，从数据发布角度来看，当发布统计信息时，Proc Tabulate 应为默认的选择方案。

Proc Tabulate 的通用语法如下。

```
Proc Tabulate <option(s)>;
```

Proc Tabulate 支持的语句包括 By、Class、Classlev、Freq、Keylabel、Keyword、Table、Var 和 Weight。稍后将对其中的一些语句加以介绍。

记住，Table 语句涉及的所有变量均应包含在 Var 或 Class 语句中。输出结果中变量的顺序由其在该语句中的顺序决定。

代码中的*号用于生成 Proc Tabulate 的整体 Mean 和 Height，据此，可向输出结果添加统计信息。在 Proc Tabulate 中使用*号的其他原因还包括添加分类变量。其中，ALL 选项用于计算列总量，此外还可用于计算行总量。

10.1.2　基于 Proc Tabulate 的多个表

在前述示例中，对于 Proc Mean 生成的多个表中的输出结果，我们查看了使用 Proc Tabulate 在单个表中的生成方式。Proc Tabulate 的特性之一是，可使用同一程序创建多个表，尽管在同一程序中使用了多个 Table 语句。

```
Proc Tabulate Data=Dealership;
  Var Units;
  Class Car Team Day;
  Table Units;
  Table Car Team Day;
Run;
```

这将生成如图 10.5 所示的销售总和。

除此之外，Proc Tabulate 还根据车型和销售团队生成了销售汇总，以及日销售量，如图 10.6 所示。

Units	
Sum	
583.00	

图 10.5

Car		Team				Day					
Alpha	Omega	A1	A2	A3	A4	Fri	Mon	Sat	Sun	Thu	Tue	Wed
N	N	N	N	N	N	N	N	N	N	N	N	N
18	18	9	9	9	9	4	4	8	8	4	4	4

图 10.6

10.1.3　选择统计数据

当根据 Height 生成篮球的 Proc Mean 时，我们指定了 Mean 的统计数据，但仍然得到了观察数据的数量，以及输出结果中的最小值、最大值和标准偏差。截至目前，在所讨论的 Proc Tabulate 输出结果的剩余部分中，我们已经看到了观察数据的数量和观察数据总量构成的报表。我们可使用下列代码指定所需的统计数据。

```
Proc Tabulate Data=Dealership;
  Class Car;
  Var Avg_Price;
```

```
  Table Avg_Price*Car*(Sum Mean StdDev);
Run;
```

这将生成如图 10.7 所示的输出结果。

Avg_Price					
Car					
Alpha			Omega		
Sum	Mean	StdDev	Sum	Mean	StdDev
708800.00	39377.78	232.14	1219850.00	67769.44	431.53

图 10.7

代码中的括号是为了简化对代码的理解,并组合了包含相同数据处理的变量。这里,括号的替代方案是使用下列代码。

```
Proc Tabulate Data=Dealership;
  Class Car;
  Var Avg_Price;
  Table Avg_Price*Car*Sum Avg_Price*Car*Mean
   Avg_Price*Car*StdDev;
Run;
```

与前述输出相比,Table 语句稍显复杂,并生成了如图 10.8 所示的输出结果。

Avg_Price		Avg_Price		Avg_Price	
Car		Car		Car	
Alpha	Omega	Alpha	Omega	Alpha	Omega
Sum	Sum	Mean	Mean	StdDev	StdDev
708800.00	1219850.00	39377.78	67769.44	232.14	431.53

图 10.8

10.1.4 格式化输出结果

当生成输出结果时,标题中包含了变量名。我们可对此进行修改,以使表具有自解释性。对此,可在 Tabulate 过程的 Table 语句中添加叙述。

```
Proc Tabulate Data=Customer_X;
  Class Height;
  Var Basketball;
  Table Basketball="No. of Students Playing Basketball"*
```

```
    Sum="Total No. of Students"*Height;
Run;
```

这将生成如图 10.9 所示的输出结果。

如果缺少格式化机制,对应的输出结果如图 10.10 所示。

No. of Students Playing Basketball	
Total No. of Students	
Height	
Over5.7	Under5.7
3.00	1.00

图 10.9

Basketball	
Sum	
Height	
Over5.7	Under5.7
3.00	1.00

图 10.10

不难发现,与未格式化输出相比,格式化输出的解释效果更加直观。

10.1.5 二维输出

截至目前,我们主要讨论了一维 Proc Tabulate 的输出结果。本节将使用新的数据集以讨论二维输出结果。

```
Data Sales;
  Input Country $7. Segment $11. Type $ Product $ Amt;
  Datalines;
US        Retail     Software A 23
US        Retail     Software B 11
US        Retail     Hardware A 8
US        Retail     Hardware B 10
US        Commercial Software A 45
US        Commercial Software B 46
US        Commercial Hardware A 4
US        Commercial Hardware B 11
Germany Retail       Software A 12
Germany Retail       Software B 15
Germany Commercial   Software A 55
Germany Commercial   Software B 67
Germany Commercial   Hardware A 23
Germany Commercial   Hardware B 25
;
```

上述代码将生成如图 10.11 所示的表,即 Sales 数据集。

输出结果包括国家、细分市场和产品硬件、软件销售额的平均值。对此,可使用下列代码。

第 10 章 报表机制和数据传输系统

Country	Segment	Type	Product	Amt
US	Retail	Software	A	23
US	Retail	Software	B	11
US	Retail	Hardware	A	8
US	Retail	Hardware	B	10
US	Commercial	Software	A	45
US	Commercial	Software	B	46
US	Commercial	Hardware	A	4
US	Commercial	Hardware	B	11
Germany	Retail	Software	A	12
Germany	Retail	Software	B	15
Germany	Commercial	Software	A	55
Germany	Commercial	Software	B	67
Germany	Commercial	Hardware	A	23
Germany	Commercial	Hardware	B	25

图 10.11

```
Proc Tabulate Data=Sales;
 Class Country Segment Type Product;
 Var Amt;
 Table Country*Segment*Product,Amt*Type*Mean;
Run;
```

这将生成如图 10.12 所示的输出结果。

			Amt	
			Type	
			Hardware	Software
			Mean	Mean
Country	Segment	Product		
Germany	Commercial	A	23.00	55.00
		B	25.00	67.00
	Retail	A	.	12.00
		B	.	15.00
US	Commercial	A	4.00	45.00
		B	11.00	46.00
	Retail	A	8.00	23.00
		B	10.00	11.00

图 10.12

图 10.12 显示了一个二维 Proc Tabulate 输出结果。

10.2 指定 ODS 目标

当针对 Excel 指定 ODS 目标时，对应的语法形式如下。

```
ODS EXCEL FILE="filename.xlsx";
```

这里，我们采用了本书经常使用的 Class 数据集，所指定的文件名与数据集名称相同。下列目标与所创建的项目文件夹（作为 SAS University Edition 会话的一部分内容）相关。这需要根据正在使用的 SAS 版本进行定制。在客户端-服务器位置中可能无法生成此类输出结果，除非我们知晓保存和检索文件的目标。

```
ODS Excel File = '/folders/myfolders/Class.xlsx';
Proc Print Data=Class;
Run;
ODS Excel Close;
```

在上述代码中，我们打开了一个新的 ODS 目标，并在 Proc Print 过程结束时关闭该目标，因为此处不希望会话输出的其余部分转至 Excel 位置处。该代码将生成如图 10.13 所示的输出结果。

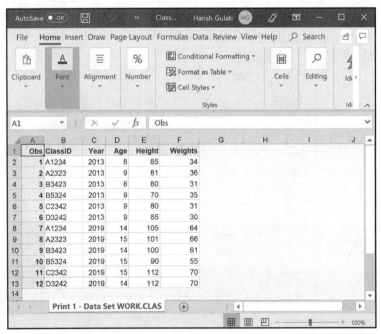

图 10.13

作为一种替代方法，可使用下列代码在 PDF 中生成输出结果。

```
ODS PDF File = '/folders/myfolders/Class.pdf';
Proc Print Data=Class;
Run;
ODS PDF Close;
```

至此，我们讨论了如何指定 ODS 目标，接下来将学习如何格式化 ODS 文件。

10.3 格式化 ODS 文件

本节将讨论与格式化 ODS 文件相关的各种技术。

10.3.1 多个电子表格

如果持有 n 个输出文件，我们并不需要生成 n 个目标文件。例如，可通过下列代码将 3 个数据集置于同一个 Excel 文件中。每个数据集将被写入一个不同的电子表格中，该电子表格的名称可在代码中指定。

```
ODS Excel File='/folders/myfolders/Datasets.xlsx'
Options(Sheet_Name="Class");

Proc Print Data=Class;
Run;

ODS Excel Options(Sheet_Name="Customer_X");
;

Proc Print Data=Customer_X;
Run;

ODS Excel Options(Sheet_Name="Dealership");
;

Proc Print Data=Dealership;
Run;

ODS Excel Close;
```

上述代码将在指定位置处生成下列文件，如图 10.14 所示。

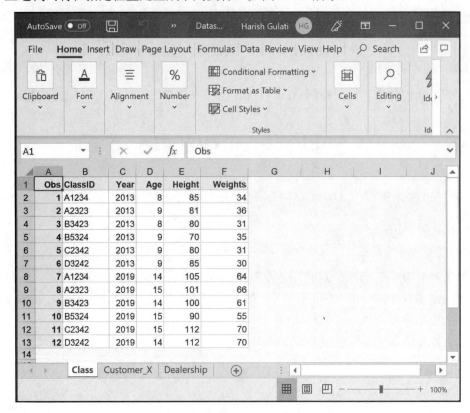

图 10.14

在当前示例中，我们持有 3 个数据集，并将其填充到 Excel 文件的各个电子表格中。另外，单个数据集也可通过 By 分组语句将其信息保存到多个电子表格中。

```
ODS Excel File = '/folders/myfolders/Multiple_Datasets.xlsx';
Proc Report Data=Class;
  By Year;
Run;
ODS Excel Close;
```

这将在 Excel 文件 Multiple_Datasets.xlsx 中生成多个电子表格，如图 10.15 所示。

其中，所填充的第 2 个表格包含 2019 年的数据，即 Class 数据集中 By 语句的第 2 级别的分组，如图 10.16 所示。

第 10 章 报表机制和数据传输系统

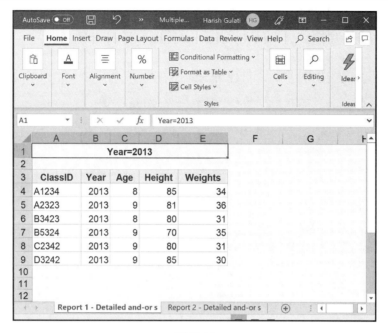

图 10.15

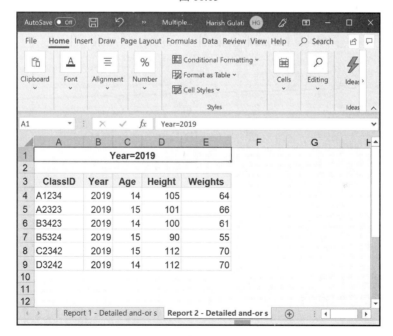

图 10.16

10.3.2 使用过滤器

当对目标文件使用过滤器时，可使用下列代码。

```
ODS Tagsets.Excelxp File='/folders/myfolders/Filters.xls'
Style=statistical
 Options (Autofilter='all');
Proc Print Data=Class;
Run;
Ods Tagsets.Excelxp Close;
```

这将生成如图 10.17 所示的文件。

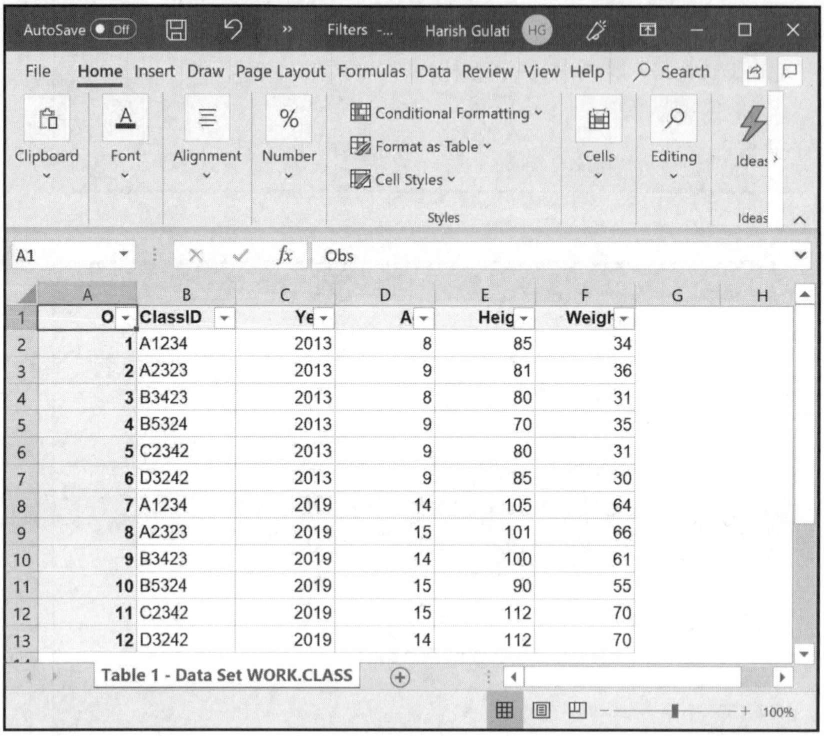

图 10.17

10.3.3 控制输出选项

我们可通过 SAS 代码控制输出选项，以避免输出结果处于非控制状态。对此，可运行下列代码查看输出选项在代码中的使用方式。

```
ODS Excel File = '/folders/myfolders/Print_Dealership.xlsx' Options 
(BlackandWhite='Yes' Center_Horizontal='Yes' 
Center_Vertical='Yes' Draftquality='On');
  Proc Print Data=Dealership;
Run;
ODS Excel Close;
```

上述代码将在指定的输出位置生成 Print_Dealership 文件。当选择 File 并于随后选取 MS Excel 菜单中的 Print 命令后，可以看到，数据将与页面中心位置处对齐。

当单击 Page Setup 按钮并查看 Sheet 选项卡时，考虑到已处于运行状态的代码，Black and white 和 Draft quality 选项已被事前选中。图 10.18 显示了更加详细的内容。

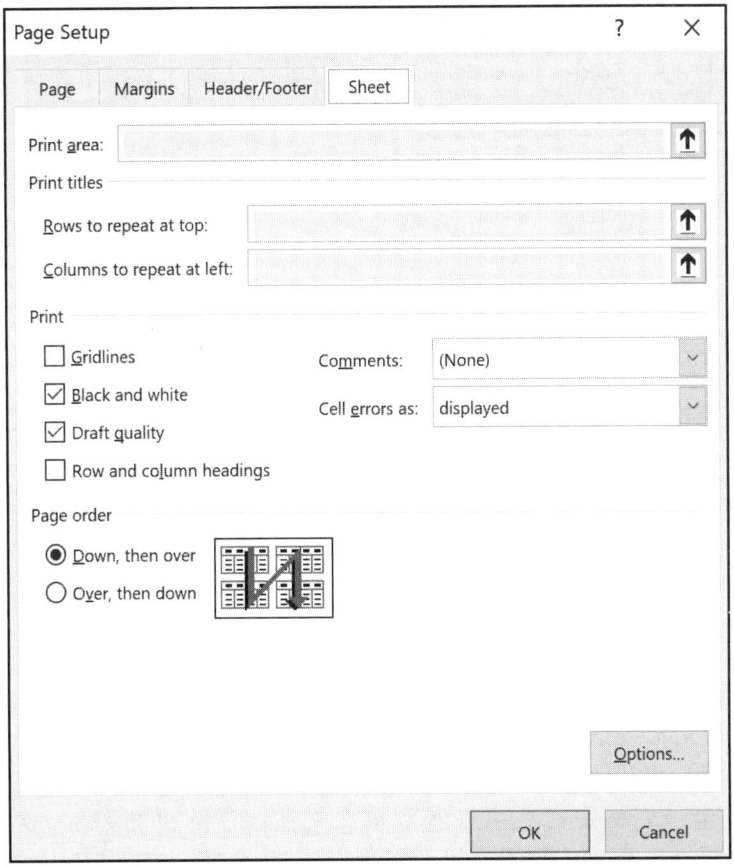

图 10.18

另外，其他选项还包括横向或竖向视图、输出区域、行-列标题和行高度。

在尝试运行下列代码时，需要注意的是，Excel 文件不会随意删除请求的所有设置，直至再次单击 File | Print 选项，然后查找它们。除了标题行高变化所受到的影响，对于是否包含请求的设置项，Excel 文件均会呈现相同的内容。

```
ODS Excel File = '/folders/myfolders/Print_More_Options.xlsx' Options
(Print_Area='B,2,G,11' RowColHeadings='Yes' Row_Heights='40'
Orientation='Landscape');
  Proc Print Data=Dealership;
Run;
ODS Excel Close;
```

这将生成如图 10.19 所示的文件。

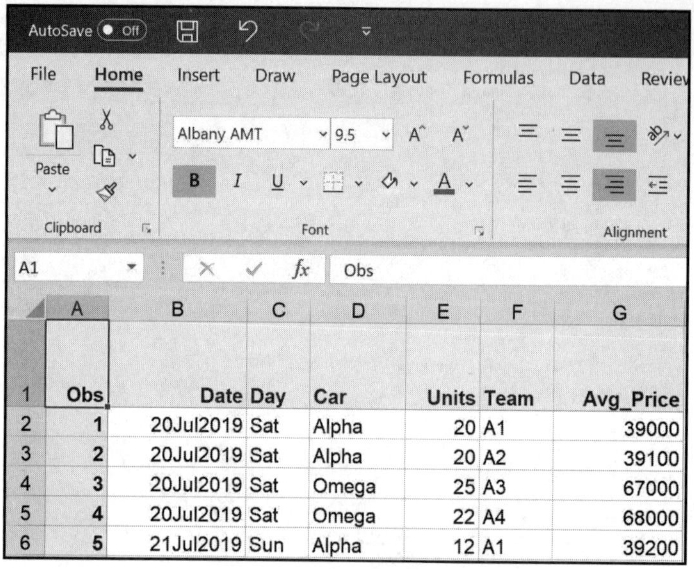

图 10.19

注意，图 10.19 仅显示了 Print More Options 文件的部分视图。

此外，在 Excel 文件的 File | Print 选项中，还可选择并查看横向选项。我们可以看到，Print Active Sheets 选项已被选中，基于 Print_Area 选项的请求，连同标题，仅 10 行数据可被输出，如图 10.20 所示。

在 Excel 电子表格中，还可以看到输出文件所需的页面数量。对此，可使用 Rowbreaks_Count 选项。在通过下列代码查看预选选项之前，须确保 Excel 文件中的 Page Break 选项处于开启状态。

```
ODS Excel File='/folders/myfolders/Row_Break.xlsx'
  Options (Rowbreaks_Count='2');

Proc Print Data=Class;
Run;
ODS Excel Close;
```

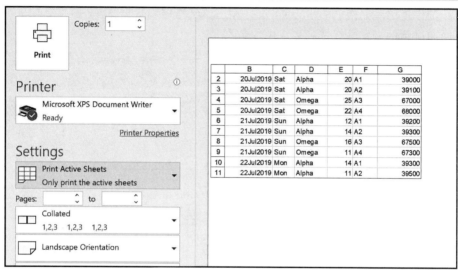

图 10.20

这将生成如图 10.21 所示的文件。

	A	B	C	D	E	F
1	Obs	ClassID	Year	Age	Height	Weights
2	1	A1234	2013	8	85	34
3	2	A2323	2013	9	81	36
4	3	B3423	2013	8	80	31
5	4	B5324	2013	9	70	35
6	5	C2342	2013	9	80	31
7	6	D3242	2013	9	85	30
8	7	A1234	2019	14	105	64
9	8	A2323	2019	15	101	66
10	9	B3423	2019	14	100	61
11	10	B5324	2019	15	90	55
12	11	C2342	2019	15	112	70
13	12	D3242	2019	14	112	70
14						

图 10.21

上述 Excel 电子表格展示了分页符信息。

10.3.4　修改默认的单元格

在 Print More Options 生成的部分视图和横向视图数据中，为了生成所需的输出设置，需要在选项中使用单元格。此外，还可选择输出单元格控制数据在 Excel 文件中的粘贴位置。下面通过示例来粘贴行 2 和列 3 中的数据。

```
ODS Excel File = '/folders/myfolders/Start_Pos.xlsx' Options
(Start_at='2,3');
Proc Print Data=Class;
Run;
ODS Excel Close;
```

这将生成如图 10.22 所示的输出结果。

Obs	ClassID	Year	Age	Height	Weights
1	A1234	2013	8	85	34
2	A2323	2013	9	81	36
3	B3423	2013	8	80	31
4	B5324	2013	9	70	35
5	C2342	2013	9	80	31
6	D3242	2013	9	85	30
7	A1234	2019	14	105	64
8	A2323	2019	15	101	66
9	B3423	2019	14	100	61
10	B5324	2019	15	90	55
11	C2342	2019	15	112	70
12	D3242	2019	14	112	70

图 10.22

可以看到，单元格 B3 位于输出结果中的起始位置。

10.4　ODS Excel 图表

需要说明的是，不仅仅是数据可导出至 Excel 和其他目标处，我们还可以导出图表。默认状态下，当在同一 ODS 语句中运行多个过程（生成数据或图表形式的输出结果）时，可在 Excel 中创建多个电子表格。这里，使用 Sheet_interval 选项可确保必要时在同一电子表格中获取输出结果。

```
ODS Excel File = '/folders/myfolders/Chart_Graph_Same_Page.xlsx'
  Options (Sheet_interval='None');
Proc Means Data=Class;
  Var Height;
Run;
Proc SGPLOT Data = Class;
  Histogram Height;
  Title 'Height of children in class across years';
Run;
ODS Excel Close;
```

这将生成如图 10.23 所示的输出结果。

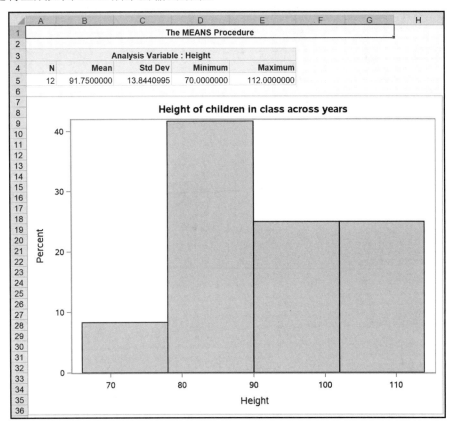

图 10.23

10.4.1 输出结果的颜色编码

根据特定值,可对输出结果的颜色进行编码,即所生成数据的"交通灯"机制。在下列代码中,可采用"low-80"语法指定最低高度显示为红色。另外,该操作还可确保 Age 变量也采用了颜色编码机制。

```
Proc Format;
Value Format_Height
80-90 ='Red'
91-110='Yellow'
111-high='Green';
ODS Excel File = '/folders/myfolders/Proc_Format.xlsx';
Proc Print Data=Class NoObs;
Var ClassID Age Height / Style=[Backgroundcolor=Format_Height.];
Where Year=2019;
Run;
ODS Excel Close;
```

这将生成如图 10.24 所示的输出结果。

	A	B	C
1	ClassID	Age	Height
2	A1234	14	105
3	A2323	15	101
4	B3423	14	100
5	B5324	15	90
6	C2342	15	112
7	D3242	14	112

图 10.24

10.4.2 复制公式

ODS 最大的问题是,我们无法查看数据的生成方式。Dealership 数据集中并未包含总收入这一列——我们已在之前的代码中生成了总收入数据。但是,是否可将总收入的公式发送至 Excel 中,以便用户可在扩展列中查看底层公式?对此,可尝试使用下列代码。

```
ODS Excel File = '/folders/myfolders/Formula.xlsx';
Options Obs=5;
Proc Report Data=Dealership;
  Column Date Car Units Avg_Price Total_Revenue;
```

```
Define Units / Display;
Define Avg_Price / Display;
Define Total_Revenue / "Total_Revenue" Computed
Format=Dollar10.2
  Style={TagAttr="Formula:(RC[-2]*RC[-1])"};
Compute Total_Revenue;
  Total_Revenue=Units*Avg_Price;
Endcomp;
Run;
ODS Excel Close;
```

这将生成如图 10.25 所示的输出结果。

	A	B	C	D	E
1	Date	Car	Units	Avg_Price	Total_Revenue
2	20Jul2019	Alpha	20	39000	$780,000.00
3	20Jul2019	Alpha	20	39100	$782,000.00
4	20Jul2019	Omega	25	67000	$1,675,000.00
5	20Jul2019	Omega	22	68000	$1,496,000.00
6	21Jul2019	Alpha	12	39200	$470,400.00

图 10.25

可以看到，Column 语句声明了输出结果中需要包含的变量。读者可能已经注意到，该语句包含了新计算的变量。尽管 Column 语句包含了 Units 和 Avg_Price，但是，如果未在 Define 语句中对此有所提及，那么它们在 Compute 语句中使用时仍保持未初始化状态。如果缺少 Define 语句，变量将包含在输出数据集中，且在计算新变量时未经初始化。这里，RC[-2]和 RC[-1]命令表明，公式的第 1 个变量表示为左侧的两个空格，公式的第 2 个变量表示为左侧的一个空格。

10.5 本章小结

本章主要介绍了 Tabulate 过程（该过程可视为其他统计过程的组合结果）和 ODS。其间，我们讨论了 Proc Tabulate 中的一维表和二维表，并整合了各种统计度量类型。随后，我们将其输出结果与 Mean 过程进行比较，进而展示了 Proc Tabulate 的优点。之后，本章介绍了 ODS 可共享 SAS 数据的各种目标。通过重点使用 Excel，我们学习了各种编程选项，进而提升了通过 SAS 程序与 Excel 共享的数据的质量和表达结果。